Matthias Nückel

Das Abtreibungsurteil

BONIFATIUS /Kontur
Band 7834

Zum Buch

Im Juni 1992 erfolgte im Deutschen Bundestag die Gesetzesänderung des § 218, die sogenannte Fristenlösung, die die Freigabe der Abtreibung in den ersten zwölf Schwangerschaftswochen vorsieht. Für Christen bedeutet die Tatsache, daß der Schutz werdenden Lebens in unserer Gesellschaft keine Mehrheit findet, eine Niederlage. 248 Bundestagsabgeordnete der CDU/CSU-Fraktion strengten beim Bundesverfassungsgericht in Karlsruhe eine Klage gegen die Fristenlösung an: Christen müssen sich einmischen, wo immer es um Menschenrechte, um der Menschen Recht geht. Am 28. Mai 1993 verkündete das Bundesverfassungsgericht sein Urteil. Im vorliegenden Buch werden das Urteil und der Weg dahin beschrieben. Es versucht, die Schwachstellen bei der Vermittlung christlicher Positionen offenzulegen. Als Quintessenz werden sieben Thesen benannt, wie Christen künftig politisch und gesellschaftlich handeln können. Das Buch will als Streitschrift Widerspruch hervorrufen und die Diskussion in Gang halten, denn nur im fruchtbaren Dialog können Christen ihre zukünftige Stellung in Staat und Gesellschaft bestimmen.

Zum Autor

Matthias Nückel, Jahrgang 1957, verheiratet, zwei Kinder. Nach dem Studium der Journalistik und Politikwissenschaft zehn Jahre als Redakteur und Leiter der Nachrichtenredaktion bei der „Kölnischen/Bonner Rundschau“ tätig. Von 1989 bis 1993 Leiter der Bischöflichen Pressestelle Essen. Seit Oktober 1993 Chefredakteur der Neuen Bildpost.

Matthias Nückel

Das Abtreibungsurteil

... und seine Konsequenzen
für Christen –
eine Streitschrift

BONIFATIUS
Druck · Buch · Verlag
PADERBORN

Die Deutsche Bibliothek – CIP-Einheitsaufnahme

Nückel, Matthias:
Das Abtreibungsurteil ... und seine Konsequenzen für Christen: eine Streitschrift / von Matthias Nückel. – Paderborn: Bonifatius, 1993
(Bonifatius Kontur; Bd. 7834)
ISBN 3-87088-783-4
NE: GT

ISBN 3-87088-783-4

Gesamtherstellung:
Bonifatius GmbH Druck · Buch · Verlag Paderborn

Inhalt

Vorwort

Am 25. Juni 1992 verabschiedete der Deutsche Bundestag mit großer Mehrheit ein „Gesetz zum Schutz des vorgeburtlichen, werdenden Lebens, zur Förderung einer kinderfreundlichen Gesellschaft, für Hilfen im Schwangerschaftskonflikt und der Regelung des Schwangerschaftsabbruchs“.

Hinter diesem langen Titel verbarg sich vor allem die Änderung des § 218. Das als Gruppenantrag von Abgeordneten aller Fraktionen eingebrachte Gesetz sieht eine „Fristenlösung“, also die Freigabe der Abtreibung in den ersten zwölf Wochen der Schwangerschaft, vor.

Eine Klage von 248 Abgeordneten der CDU/CSU-Bundestagsfraktion vor dem Bundesverfassungsgericht brachte wenig Erfolg. Das Gericht bezeichnete zwar Abtreibungen grundsätzlich als „rechtswidrig“, machte aber dennoch den Weg zu einer „Fristenlösung“ frei. Die politische wie die juristische Entscheidung machten deutlich, daß es sowohl im Staat als auch in der Gesellschaft – wie Umfragen belegen – keine Mehrheit für einen umfassenden Schutz des ungeborenen menschlichen Lebens mehr gibt.

Die Entscheidung des Bundestages, des Bundesrates und des BVG war eine bittere politische Niederlage für Christen, die den Schutz menschlichen Lebens von Anfang an gefordert hatten. Der Weg zum Beschluß des Parlamentes ist ein Lehrstück, wie Christen in der pluralistischen Gesellschaft und in der Politik an Boden verloren haben. Dies ist zum Teil durch äußere Bedingungen gegeben, zum Teil selbst verschuldet.

Eine moralische Niederlage muß die politische Entscheidung für Christen jedoch keineswegs sein. Wenn Christen ihre persönlichen Konsequenzen ziehen und wenn christliche Organisationen ihre Position in der Welt neu bestimmen, kann der Schock der politischen und der juristischen Entscheidung sogar heilsam sein. Er kann dazu führen, daß die besseren ethischen, moralischen und humanen Argumente politisch wirksamer eingebracht werden. Die Debatte darüber muß unter Christen möglichst schnell geführt werden, damit die politische Ent-

wicklung nicht weiter an Christen vorbeigeht. Die brennenden Fragen z. B. des Schutzes menschlichen Lebens in all seinen Phasen, der Flüchtlingsproblematik oder der Entwicklungspolitik vertragen keinen Aufschub.
Wer sich als Christ versteht, wird nicht umhinkommen, bei der Lösung elementarer menschlicher Probleme Position zu beziehen. Christen müssen sich einmischen, wo immer es um Menschenrechte, um der Menschen Recht geht.
„Als Christ weiß ich, daß Gott mich dazu berufen hat, nicht als einzelner und für mich allein, sondern zusammen mit anderen und für sie zu leben ... Um die Verpflichtung zum Ausdruck zu bringen, die daraus entsteht, fordert Paulus in seinen Briefen von den Christen immer wieder, ‚auf das Gute bedacht zu sein', das heißt, sich um des Guten willen, das Gott uns getan hat, für die Mitmenschen zu öffnen und ihnen Gutes zu erweisen. Das Böse hingegen, das wir einander zufügen, steht im Widerspruch zu Gott, der gut ist und das Gute will. Wer gut ist, der trägt dazu bei, das Gute auch in anderen zu entfalten, und baut mit an einer besseren Welt. Wer böse ist, der zerstört." Diese Definition des Christen, wie sie im „Gotteslob" beschrieben ist, sollte für Christen Maßstab sein.
Dieses Buch beschreibt die Entwicklung bis zum Urteil des Bundesverfassungsgerichts über den § 218. Es versucht, aus christlicher Sicht Schwachstellen in der politischen Diskussion offenzulegen, indem einige Bereiche benannt werden, in denen die Debatte verlorenging. Schließlich werden einige Thesen aufgestellt, wie Christen künftig politisch und gesellschaftlich handeln können.
Das Buch versteht sich nicht als wissenschaftlicher Beitrag. Wissenschaftlich ist zum Thema Abtreibung wie auch zum Christentum schon viel gesagt worden. Dieses Buch soll vielmehr eine Streitschrift sein, die zur Diskussion anregt. Die Streitschrift soll Widerspruch hervorrufen, denn nur im fruchtbaren Dialog können Christen ihre künftige Position in Staat und Gesellschaft bestimmen.
Danken möchte ich an dieser Stelle allen, die dieses Buch ermöglicht haben.
Ausdrücklich genannt seien der Bonifatius-Verlag, der das

Buch in sein Programm aufgenommen hat, und – nicht zuletzt – meine Frau, die nicht nur das Manuskript getippt, sondern durch kritische Begleitung zur fruchtbaren Arbeit beigetragen hat.

Sundern-Stockum, 1. Juni 1993

Matthias Nückel

I. Der Weg zur „Fristenlösung"

1. „Fristenlösung" – Erblast der Einheit?

„Es ist Aufgabe des gesamtdeutschen Gesetzgebers, spätestens bis zum 31. Dezember 1992 eine Regelung zu treffen, die den Schutz vorgeburtlichen Lebens und die verfassungskonforme Bewältigung von Konfliktsituationen schwangerer Frauen vor allem durch rechtlich gesicherte Ansprüche für Frauen, insbesondere auf Beratung und soziale Hilfen, besser gewährleistet, als dies in beiden Teilen Deutschlands derzeit der Fall ist."
Kaum ein Satz aus dem deutschen Einigungsvertrag ist in den vergangenen Monaten so viel zitiert, dermaßen strapaziert, unterschiedlich interpretiert und so häufig mißbraucht worden wie dieser.
Zuweilen mußten die Bürger den Eindruck haben, als bestünde der Vertrag nur aus diesen Worten. Ursache ist, daß es den Politikern wieder einmal gelungen war, eine Formulierung zu finden, mit der alle Beteiligten – unterschiedlichster politischer Couleur und Weltanschauung – zufrieden waren. Und solche Zufriedenheit ist nur möglich, wenn jeder in den Kompromiß hineininterpretieren kann, was ihm politisch gerade recht ist. Wie sehr auslegbar der Vertrag war, zeigte sich, als im Bundestag sieben Gesetzentwürfe vorlagen, die alle dem Text im Einigungsvertrag gerecht werden wollten.
Um die Passage im Vertrag zur Abtreibung – vom Schutz des ungeborenen Lebens zu reden, entspräche sicher nicht den Tatsachen – hatte es heftige Auseinandersetzungen gegeben. An der Formulierung wäre der Vertrag beinahe gescheitert. SPD wie auch FDP wollten die Chance nutzen, um ihre seit langem gehegten Pläne zur Einführung einer „Fristenlösung" in Deutschland zu verwirklichen. Das Tauziehen um die Abtreibung dauerte bis zur letzten Minute.
Der Unterhändler der Bundesrepublik, Wolfgang Schäuble, erinnert sich später, daß die Regierung de Maizière (CDU) die „Fristenregelung" nicht aufgeben wollte, wie sie in der DDR seit 1972 galt. Die Bonner Parteien stritten derweil über das

Tatort- oder Wohnortprinzip. Es ging darum, ob eine Frau aus dem Westen, die im Osten eine Abtreibung vornehmen ließ, nach der in der Bundesrepublik geltenden Indikationsregelung (Wohnortprinzip) oder nach der in den neuen Ländern geltenden „Fristenregelung" (Tatortprinzip) behandelt werden sollte. Dies war, so Schäuble später, „ein Streit, von dem ein Teil der Kombattanten hinterher erklärte, ihn selbst nicht richtig begriffen zu haben".

Nachdem die CDU/CSU-Fraktion sich mit dem Tatortprinzip abgefunden hatte, entbrannte ein Streit über die Übergangsfrist, während der unterschiedliches Recht in beiden Teilen Deutschlands gelten sollte. SPD und FDP wollten – offenbar, um die „Fristenregelung" zu etablieren – eine Übergangszeit von fünf Jahren. Schäuble hatte der Unionsfraktion die Zustimmung zum Tatortprinzip mit der Zusage abgerungen, eine Übergangsfrist von nur zwei Jahren zuzugestehen, was nach langwierigen Verhandlungen mit der SPD und FDP gelang (vgl. W. Schäuble, Der Vertrag, S. 229-250).

Begleitet worden war das Tauziehen der Parteien von einer Medienkampagne, wie sie Deutschland im Zusammenhang mit der Abtreibung zuletzt zu Beginn der 70er Jahre erlebt hatte. Im Gegensatz zu damals, als der „Stern" mit seinen Veröffentlichungen („Ich habe abgetrieben") ziemlich allein voranschritt, fand sich am Rande der deutschen Einigung eine große Medien-Koalition für das „Recht auf Abtreibung" zusammen. So zogen „Bild" und „Spiegel", denen man ansonsten wahrlich keine Gemeinsamkeit oder gar Freundschaft nachsagen kann, an einem Strang. Am 10. August 1990 veröffentlichte „Bild" den Aufruf „Frauen fordern ihr Recht". Die stellvertretende SPD-Vorsitzende Herta Däubler-Gmelin wird mit den Worten zitiert: „Die Zeit ist reif dafür, daß Frauen sich verbünden." Bundestagspräsidentin Rita Süßmuth betont zwar, daß sie „nicht für die Fristenlösung" sei, aber „die letzte Entscheidung kann der Frau niemand abnehmen".

Die „Bild"-Zeitung, die oft von Frauen kritisiert wird, weil sie Frauen als Lustobjekte darstellt, gibt sich als Anwältin der Frauen. Es wird ein Forderungskatalog aufgestellt, den Frauen mit ihrer Unterschrift an die Politikerinnen Süßmuth (CDU),

Däubler-Gmelin (SPD) und Irmgard Adam-Schwätzer (FDP) schicken sollen. Verlangt werden u. a. „staatliche Förderung von Sexualerziehung und Aufklärung“ und mehr soziale Hilfen. Der Aufruf gipfelt jedoch in der Forderung: „Bei Schwangerschaftskonflikten vor allem: Wegfall der Strafandrohung für Schwangerschaftsabbrüche in den ersten drei Monaten.“ Daß „Bild“ den Frauen (wieder einmal) ein falsches Bild vermittelt, merken die Betroffenen am wenigsten. Das Boulevard-Blatt behauptet, Frauen würden nach dem in den alten Ländern geltenden Recht mit Strafe bedroht. Dabei sollte jeder, der sich mit der Problematik befaßt, eigentlich wissen, daß nach § 218 die Frauen innerhalb der ersten 22 Wochen immer straffrei ausgehen. Dies trifft selbst dann zu, wenn die Schwangere sich nicht hat beraten lassen.

Wer sich sachlich nicht auskennt – diese Erfahrung muß leider immer wieder gemacht werden –, wird aggressiv oder reagiert mit Häme. So auch „Bild“.

Als der Sekretär der Deutschen Bischofskonferenz, Prälat Wilhelm Schätzler, die Kampagne des Blattes kritisiert, antwortet „Bild“ prompt mit einem Kommentar. „Die Herren Bischöfe haben nichts begriffen“, so heißt es dort, und weiter: „Wie können sie auch ... Nie werden sie auch nur einen Moment erleben, wo sie ahnen: Ich bin schwanger. Nie werden sie dies Glücksgefühl kennen. Und nie das Gegenteil davon – die abgrundtiefe Angst, der Verantwortung nicht gewachsen zu sein.“

Zur selben Zeit ins gleiche Horn bläst Rudolf Augstein im „Spiegel“. Er nennt die Fristenlösung „eine Art von Empfängnisverhütung“. Den Schuldigen dafür, daß die „Fristenlösung“ in Deutschland nicht eingeführt wird, hat Augstein schnell ausgemacht: Es ist der Papst. Dieser betreibt nach Auffassung des „Spiegel“-Herausgebers einen „Kulturkampf“. Und davor hat Bundeskanzler Helmut Kohl natürlich Angst, weiß Augstein. Er bekennt öffentlich, wen er in Sachen „Fristenlösung“ und Kirchenkampf noch in die große Koalition einbinden will, wenn er schreibt: „Mit Hilfe der neuen, überwiegend protestantischen Länder, und sei es mit Hilfe der PDS des Gregor Gysi, werden wir der ultramontanen Kurie zeigen müssen, daß päpstliche Selbstherrschaft in Deutschland nichts bewirkt.“

Die Debatte im Herbst der Wiedervereinigung ist geprägt von solcherart Ausfällen, von platten Schlagworten und nicht zuletzt von Unkenntnis. Daß zu den Unwissenden auch sogenannte Spitzenpolitiker gehören, läßt sich am Beispiel des FDP-Vorsitzenden Otto Graf Lambsdorff aufzeigen. Beim Bundesparteitag der Liberalen am 11. August 1990 tönt Lambsdorff zur Frage, ob Wohnort- oder Tatortprinzip: „Beim Vereinigungsvertrag haben wir dafür gesorgt, daß es nirgendwo zu einer neuen Strafrechtsnorm mit eingebauter Schnüffelpraxis kommt. Das wäre der Fall, wenn Frauen in der DDR bei Abtreibungen straffrei bleiben, aber Frauen, die für eine Abtreibung in die DDR fahren, bestraft werden sollen. Mit uns wird es eine solche Strafbarkeit für Bundesbürgerinnen nicht geben." Solch starke Worte kommen bei Parteitagen immer noch an. Doch schon 16 Tage später, am 27. August 1990, stellte der FDP-Chef plötzlich fest: „Es ist ja nach geltendem bundesdeutschen Recht so, daß eine Frau, die sich hier oder in der DDR von einem Arzt beraten läßt, unabhängig davon, ob eine Indikation gestellt wird, also ein Hinweis gegeben wird auf die Notwendigkeit einer Schwangerschaftsunterbrechung, wenn diese Frau in die DDR reist und dort die Schwangerschaftsunterbrechung vornehmen läßt, ist sie nach geltendem Recht, an dem wir nichts zu ändern brauchen, straffrei. So steht es im § 218."
Recht hatte er diesmal, der FDP-Chef. Doch diese Erkenntnis aus dem § 218 setzte sich nicht durch. Politikerinnen und Politiker, Rundfunk und Zeitungen scheuten sich auch weiterhin nicht, Falschmeldungen zu verbreiten. Die populäre Forderung lautete: Keine Strafe für Frauen, die abtreiben.
Der Einigungsvertrag wurde am Abend des 20. September im Bundestag verabschiedet. Er erhielt nur 47 Gegenstimmen. Sechs Abgeordnete begründeten in persönlichen Erklärungen ihre Ablehnung mit dem mangelnden Schutz des ungeborenen Lebens. Die Regelung im Einheitsvertrag würde das Rechtsbewußtsein gegenüber dem ungeborenen Leben negativ verändern, argumentierten die Parlamentarier. „Solche preisgegebenen Rechtspositionen sind kaum mehr rückholbar. Wie sollen je die Schleusen geschlossen werden, die hier aufgetan werden?" fragte der CSU-Politiker Stefan Höpfinger.

Die Appelle nutzten nichts mehr. Am 3. Oktober feierte die Nation die Einheit. – Für die ungeborenen Kinder sollte es ein Trauertag werden.

Daß der Einigungsvertrag die Schleusen in Richtung „Fristenlösung“ geöffnet hatte, stellte sich schon heraus, als der Rausch der Einheitsfeiern noch nicht ganz verklungen war. Bereits am 19. Oktober 1990 stellte die SPD einen Gesetzentwurf vor, dessen Kernstück die Freigabe der Tötung ungeborener Kinder bis zur 12. Woche der Schwangerschaft war. Insgesamt sollte die Abtreibung zudem aus dem Strafrecht herausgenommen werden. Verstöße gegen das neue Gesetz sollten lediglich als Ordnungswidrigkeit geahndet werden können. In den Bundestag eingebracht wurde dieser Entwurf nicht.

Die FDP-Fraktion verabschiedete wenige Tage darauf einen Gesetzentwurf. Darin wurde eine „Fristenlösung“ mit Beratungspflicht festgeschrieben. Darüber hinaus sollte die Abtreibung nach Ablauf der 12-Wochen-Frist straffrei sein, wenn eine medizinische (Gefahr für Leib oder Leben der Schwangeren) oder eine eugenische (Behinderung des Kindes) Indikation vorliege. Auch dieser Entwurf wurde nicht im Parlament eingebracht, da die Fraktion zunächst den Ausgang der ersten gesamtdeutschen Wahlen abwarten wollte.

Konkrete Gesetzentwürfe aus der Union gab es lange Zeit nicht. Allerdings herrschte schon seit Juli 1990 Unruhe in der Partei. Damals hatte Rita Süßmuth ihre Vorstellungen von einem „dritten Weg“ zur Lösung der Abtreibungsproblematik vorgestellt. Nach ihrer Auffassung sollten in einem Gesetz fünf Problembereiche geregelt werden: Embryonenschutz, Schutz des ungeborenen Lebens, Schwangerschaftskonfliktlagen, Organverpflanzungen, Schutz des behinderten menschlichen Lebens, Schutz des sterbenden Lebens. Der „dritte Weg“ von Frau Süßmuth im Bereich der Abtreibung wurde sehr schnell als verkappte „Fristenlösung“ entlarvt. „In der Praxis bedeutet dann der ‚dritte Weg‘ zwischen Fristen- und Indikationsregelung vermutlich nichts anderes als eine um Beratung geschönte Fristenregelung. Und das kann Frau Süßmuth doch nicht gewollt haben“, schrieb Dr. Hermann Tallen im Osnabrücker „Kir-

chenboten". Daß die CDU-Politikerin dies doch gewollt hatte, sollte sich noch herausstellen.
Zuvor jedoch meldete sich einer der Wortführer der Befürworter einer strikten Indikationsregelung zu Wort. Der CDU-Abgeordnete Paul Hoffacker benannte am 15. Februar 1991 „Eckpunkte einer verfassungskonformen gesetzlichen Regelung zum verbesserten Schutz des ungeborenen Lebens". Seine Kernforderungen waren: Erhalt der Strafandrohung, Verabschiedung eines Schwangeren-Beratungsgesetzes, Abschaffung der Finanzierung der Abtreibungen durch die Krankenkassen. Die Indikation für die Abtreibung sollte nach den Vorstellungen Hoffackers schriftlich festgehalten werden. Bei einer sozialen Indikation sollte die Entscheidung einer öffentlich bestellten Kommission nötig sein. Dies hätte Grundlage für eine wesentliche Verbesserung des Lebensschutzes sein können, wenn nicht eine Reihe von CDU-Politikern völlig anderes im Sinn gehabt hätte. Denn am 7. März 1991 ergriff Bundestagspräsidentin Süßmuth erneut die Initiative. Bei einer Tagung der Evangelischen Akademie Tutzing legte die CDU-Politikerin den „Diskussionsentwurf eines Gesetzes zum Schutz des Lebens" vor. Demnach sollte zunächst das Grundgesetz, Art. 2 Abs. 2 ergänzt werden um den Schutz des ungeborenen, behinderten und sterbenden Lebens.
Im Kern sah der Entwurf eine „Fristenlösung" vor, bei der die Schwangere jedoch ihre Notlage darlegen sollte. Frau Süßmuth selbst wies den Vorwurf, sie wolle die „Fristenlösung", immer zurück.
Wie sich dann aber herauskristallisieren sollte, war das „Lebensschutzgesetz" der Frau Süßmuth letztlich ein Anstoß zur Hoffähigkeit der „Fristenlösung" unter CDU-Politikern.
Nach der Bundestagswahl vom 2. Dezember 1990 war es wiederum die FDP, die am 18. März 1991 als erste Fraktion einen Gesetzentwurf vorlegte. Gerade die Liberalen, die im Wahlkampf stark auf das Thema Abtreibung gesetzt hatten, fühlten sich nun den Wählerinnen und Wählern verpflichtet und drängten zur Eile. Der Entwurf entsprach im wesentlichen dem vom Oktober des Vorjahres. Danach sollte eine Abtreibung innerhalb der ersten 12 Wochen der Schwangerschaft nicht nur für

die Frauen, sondern auch für den Arzt generell straffrei sein. Abtreibungen aufgrund der eugenischen oder medizinischen Indikation sollten bis zur 22. Schwangerschaftswoche bzw. ohne Frist „nicht rechtswidrig“ sein. Die grundsätzliche Strafbarkeit der Abtreibung wurde aus dem in den alten Ländern geltenden Recht übernommen. Diese Strafvorschriften sollten jedoch nicht angewendet werden, wenn „die Schwangere sich mindestens drei Tage vor dem Abbruch“ habe beraten lassen. Ziel der Beratung sollte es sein, die Frau in die Lage zu versetzen, „eine verantwortungsbewußte eigene Gewissensentscheidung zu treffen“. Dieser Entwurf, der eine „Fristenlösung“ mit Beratungspflicht war, sollte später Basis des als Gruppenantrag verabschiedeten Gesetzes werden.

Warum der Entwurf nicht nur unter Abgeordneten populär wurde, läßt sich vielleicht durch dessen Begründung erklären. Darin wurde ein Schlagwort aufgegriffen, das in der gesamten Diskussion eine wesentliche Rolle gespielt hatte: „Es gilt also das Prinzip Hilfe statt Strafe“ (Gesetzentwurf der FDP-Fraktion vom 18. 3. 1991, S. 36). Dieser Entwurf wurde als erster im Bundestag eingebracht.

Die Meinungsfindung innerhalb der SPD gestaltete sich schwieriger. Zwar stellte bereits einen Tag nach der FDP der „Arbeitskreis Gleichstellung von Frau und Mann“ der sozialdemokratischen Bundestagsfraktion den „Entwurf eines Gesetzes zur Beratung in Fragen der Sexualität und Familienplanung, über Hilfen mit Rechtsanspruch für Schwangere und Mütter sowie Neuordnung des Schwangerenhilferechts“ vor. Dieser beinhaltete eine generelle Straffreiheit für die Frau und Straffreiheit für den Arzt in den ersten 12 Wochen der Schwangerschaft. Darüber hinaus enthielt der Entwurf eine weit auslegbare medizinische Indikation, mit der Abtreibungen bis zur Geburt hätten gerechtfertigt werden können. Insgesamt sollte die Abtreibungsfrage aus dem Strafgesetzbuch herausgenommen werden. Die Tötung ungeborener Kinder nach der 12. Schwangerschaftswoche sollte lediglich als Ordnungswidrigkeit behandelt werden.

Aber auf diese Vorlage konnte sich die Fraktion der SPD nicht einigen. Eine Zeitlang sah es sogar so aus, als werde es keinen eigenen Entwurf der Sozialdemokraten geben. Dem damaligen

Fraktionsvorsitzenden Hans-Jochen Vogel wurde nachgesagt, er wolle nicht als der SPD-Fraktionschef in die Geschichte eingehen, der die reine „Fristenlösung“ durchgesetzt habe. Entsprechende Zeitungsberichte blieben unwidersprochen.
Der Durchbruch gelang den Sozialdemokraten erst am 17. Juni 1991. Bei vier Gegenstimmen und drei Enthaltungen verabschiedete die SPD-Fraktion einen Gesetzentwurf, der vier Tage später eingebracht wurde. Es war eine „Fristenregelung“ mit Anspruch auf Beratung. Der Entwurf trug den Titel: „Gesetz zum Schutz des werdenden Lebens durch Förderung einer kinderfreundlichen Gesellschaft, durch rechtlich gewährleistete Hilfen für Familien und Schwangere sowie zur Regelung des Schwangerschaftsabbruchs“. Im Strafrechtsbereich war gegenüber den Vorstellungen des Arbeitskreises nur wenig geändert. So wurde ein grundsätzlicher Satz über Strafbarkeit eingefügt und der Satz „Im Zusammenhang mit der Abtreibung bleibt die betroffene Frau straffrei“ gestrichen. Im Kern jedoch hatte sich nichts geändert, zumal auch die Behandlung der Abtreibung nach der 12. Woche als Ordnungswidrigkeit bestehen blieb.
Auf die kurz vor und kurz nach der SPD eingebrachten Entwürfe von Bündnis 90 / Die Grünen (6. Juni 1991) und PDS – Linke Liste (1. Juli 1991) muß nicht ausführlich eingegangen werden. Beide sahen einen Rechtsanspruch auf Abtreibung vor. Damit waren die Entwürfe schon vom Wortlaut her verfassungswidrig.
Die PDS wollte dieses durch eine entsprechende Grundgesetzänderung umgehen. Doch sowohl eine Grundgesetzänderung wie auch die Gesetzentwürfe waren für die anderen Fraktionen nicht verhandlungsfähig. Dagegen waren Abgeordnete von PDS und Bündnis 90 zu Verhandlungen bereit, als es um die Suche nach Mehrheiten für den Gruppenantrag zur Einführung der „Fristenregelung“ ging.
Entscheidend für die Entwicklung des gesetzgeberischen Verfahrens war jedoch die Diskussion innerhalb der CDU.
Schon kurz nachdem Frau Süßmuth ihren Gesetzentwurf vorgestellt hatte, erschienen in der Presse Schlagzeilen wie „CDU vor der Zerreißprobe“. Die Richtigkeit solcher Bewertungen sollte sich im Verlauf der Debatte immer mehr bewahrheiten.

Zum damaligen Zeitpunkt gab es in der CDU drei Lager. Dies war zum einen die Gruppe von Frau Süßmuth, die den „dritten Weg“ befürwortete. Die zweite Gruppe stand zu den von Hoffacker vorgelegten Eckdaten. Eine dritte Gruppe, die sich schon seit Jahren um den Abgeordneten Herbert Werner (Ulm) gebildet hatte, wollte eine Regelung, die nur noch die medizinische Indikation als Begründung für eine Abtreibung vorsah. Wie viele Anhänger die verschiedenen Modelle – von Gesetzentwürfen konnte man noch nicht sprechen – hatten, ließ sich kaum festmachen. Zum einen hielten sich viele Abgeordnete bedeckt, zum anderen waren die 61 Parlamentarier aus den neuen Ländern noch ziemlich unentschlossen.
Die Fraktionsführung erkannte, welcher Sprengstoff für die Union in der Abtreibungsfrage lag. Der damalige Fraktionschef Alfred Dregger versuchte deshalb, die widerstrebenden Meinungen zusammenzuführen, indem er eine Kommission benannte, in der alle Gruppen vertreten waren. Den Vorsitz sollten Maria Michalk und Paul Laufs übernehmen, die beide mit Einschränkung der damals noch als Mittelkurs in der Fraktion geltenden Auffassung Hoffackers nahestanden.
Während sich die Fraktionsspitze also mühte, den Grundstein für eine Einigung zu legen, ließ Bundeskanzler Helmut Kohl ähnliches Engagement vermissen. Zunächst warb Kohl in der Fraktion noch um ein Modell, das auch von den Kirchen mitgetragen werden könne. Als er jedoch merkte, wie gespalten die Union in der Abtreibungsfrage war, äußerte er sich nicht mehr. Eine klare Parteinahme für die eine oder andere Position innerhalb der Fraktion hätte – zumal der Ausgang ungewiß war – den Kanzler später in Schwierigkeiten bringen können. Statt sich aktiv an Lösungsmöglichkeiten zu beteiligen, warb Kohl nun bei den Kirchen um Verständnis für eine politische Lösung, deren Gestalt im Frühjahr 1991 jedoch noch niemand absehen konnte. Ob durch einen größeren persönlichen Einsatz des Bundeskanzlers die Quadratur des Kreises innerhalb der Union gelungen wäre, ist ungewiß. Von einem Mann, der angetreten war, die geistig-moralische Wende einzuleiten, hätten Christen jedoch ein größeres Engagement in dieser elementaren Grundfrage erwarten können.

Während die Kommission arbeitete, kamen aus den Reihen der Union noch drei weitere Positionspapiere zur Neuregelung des § 218. Familienministerin Hannelore Rönsch forderte in ihren „Leitsätzen zum besseren Schutz ungeborener Kinder", daß Abtreibung für die Frau immer straffrei sein solle. Straffreiheit für den Arzt solle es bei Vorliegen der medizinischen oder einer neu zu definierenden psycho-sozialen Indikation geben. Ähnlich formulierte es auch die vom CDU-Bundesvorstand eingesetzte Parteikommission, deren Vorsitzende Frau Rönsch war. Nachdem Presseberichte über die Vorschläge der Kommission einigen Wirbel ausgelöst hatten, wurde das Papier nicht veröffentlicht.

Die CSU dagegen bezog in der Diskussion innerhalb der Unionsparteien klar Position. Bei ihrem kleinen Parteitag am 17. Juli 1991 verabschiedete die bayerische Schwesterpartei der CDU ihre „Ansbacher Erklärung". Neben einem klaren „Nein" zur „Fristenlösung" beinhaltete die Erklärung die Forderung nach Vorrang des Lebensschutzes vor dem Selbstbestimmungsrecht. Der Gesetzgeber, so formulierte die CSU, bleibe verpflichtet, auch das Strafrecht als letztes flankierendes Mittel einzusetzen. „Die Strafandrohung ist unerläßlich, um die Wertvorstellung und das Verhalten der Bürger im Sinne der Verfassung und des Rechtsstaates zu beeinflussen", betonte die CSU, die aber zugleich an der im damals geltenden Recht festgeschriebenen Straffreiheit der Frau festhalten wollte.

Weiterhin sollte Beratung Pflicht und auf die „richtige, sittliche Entscheidung für das Leben" hin ausgerichtet sein. Die „Ansbacher Erklärung", die sich gegen die Finanzierung von Abtreibungen durch die Krankenkassen wandte, orientierte sich stark am Urteil des Bundesverfassungsgerichtes von 1975. Dennoch schwenkten auch die CSU-Vertreter in der Fraktionskommission später auf die Kompromißformel ein, um die Einheit der Union zu retten.

Solche Rettungsversuche scheiterten. Das Unterfangen, die mindestens drei völlig unterschiedlichen Ansätze innerhalb der CDU/CSU-Fraktion in einem Gesetzentwurf unterzubringen, konnte nicht gelingen. Zu weit lagen die Vorstellungen auseinander. Die Partei, die nach den Worten des damaligen Generalsekretärs Volker Rühe östlicher und protestantischer geworden war, konnte diese Erweiterung und Erneuerung zumindest in der Abtreibungsfrage nicht als Pluspunkt verbuchen. Die Union bot und bietet bis heute ein Bild der Zerrissenheit.

Anfang September 1991 meldete die Kommission der CDU/CSU-Fraktion zunächst Erfolg: Nach langem Ringen schien der Durchbruch gelungen. Ein Gesetzentwurf, dem bis auf die Abgeordneten Herbert Werner und Norbert Geis alle Kommissionsmitglieder zustimmten, war gefunden. Der Entwurf sah gegenüber dem in den alten Ländern geltenden Recht nur wenig Veränderungen vor. So sollte es statt bisher vier – medizinische, eugenische, kriminologische, soziale – künftig nur noch zwei Indikationen, nämlich die medizinische und die psycho-soziale, geben.

Diese nach außen als Verbesserung angekündigte Reduzierung der Indikationen war jedoch Augenwischerei. So blieb innerhalb der psycho-sozialen Indikation die eugenische, die eigentlich beseitigt werden sollte, ausdrücklich erhalten. Bei zu erwartender Behinderung des Kindes sollte die Abtreibung innerhalb einer Frist von 20 Wochen erlaubt sein. Eine weitere Verschlechterung war, daß künftig ein Arzt Indikationsfeststellung und Abtreibung durchführen sollte. Dies widersprach allen Forderungen katholischer Laienorganisationen, wie auch der „Ansbacher Erklärung“ der CSU, die sich für die räumliche, zeitliche und personelle Trennung von Beratung, Indikationsstellung und Abtreibung ausgesprochen hatten.

Tatsächliche Fortschritte waren die Verkürzung der Frist, innerhalb derer eine Abtreibung bei Vorliegen einer Indikation straffrei sein sollte, von 22 auf 12 Wochen sowie die Einführung eines eigenen Straftatbestandes der Nötigung zur Abtreibung.

Die deutlichste Verbesserung war die vorgesehene Verpflichtung des Arztes, künftig die „wesentlichen ärztlichen Gesichtspunkte“ für das Vorliegen der psycho-sozialen Notlage schriftlich festhalten zu müssen. An diesem Punkt sollte die Einigung in der Union wie ein Kartenhaus zusammenbrechen. Denn die konkrete Formulierung dieser Vorschrift entschied letztlich darüber, ob der Gesetzentwurf eine Indikationslösung oder eine verkappte „Fristenregelung“ war.

Zustande gekommen war der mühsame Kompromiß ohnehin nur, weil sich insbesondere die Gruppe um Hoffacker sehr beweglich zeigte. Aus Kommissionskreisen wurde bekannt, daß die „Süßmuth-Fraktion" nicht von ihren Positionen abgerückt sei. Bewegung sei immer nur von den beiden anderen Gruppen erwartet worden. Diese Erwartungen wurden bis an die Schmerzgrenze der Beteiligten erfüllt, wie ein Vergleich des Gesetzentwurfes mit den Eckdaten Hoffackers zeigt. Von sieben Grundforderungen aus den Eckdaten – etwa die Überprüfung der sozialen Indikation durch eine Kommission, die Forderung nach Vorliegen der Beratungsbescheinigung und der schriftlichen Begründung einer Indikation oder die durchgängige Bezeichnung „Tötung ungeborenen menschlichen Lebens" statt „Schwangerschaftsabbruch" in allen Gesetzen – war im Kommissionsentwurf nicht eine wiederzufinden. Lediglich die Einführung des Straftatbestandes der Nötigung zur Abtreibung war von der Kommission aufgenommen worden.

Unter diesen Umständen war schon früh klar, daß die Gruppe um Werner den Kommissionsentwurf nicht mittragen würde. Schließlich standen sich die Positionen diametral entgegen, so daß ein Kompromiß nur möglich gewesen wäre, wenn sich beide Seiten bewegt hätten. Da dies – wie sich am Ergebnis ablesen ließ – nicht der Fall war, traf sich die Gruppe um Werner zur gleichen Zeit, als Maria Michalk den Kommissionsentwurf der Öffentlichkeit vorstellte, um über einen eigenen Gesetzvorschlag zu beraten. Ergebnis war, daß der Gesamtfraktion zwei Gesetze zur Abstimmung vorlagen.

Der Entwurf der Initiativgruppe „Schutz des ungeborenen Kindes", wie sich die Parlamentarier um Werner nennen, sah unter anderem vor, daß es nur noch eine medizinische Indikation als Strafausschließungsgrund bei einer Abtreibung geben sollte. Diese bestand einmal aus der klassischen medizinischen Indikation und darüber hinaus aus einer weit gefaßten, die formuliert war als „Gefahr einer dauerhaften und schwerwiegenden Beeinträchtigung des körperlichen oder seelischen Gesundheitszustandes" der Schwangeren. Auch sollte künftig jede Abtreibung juristisch überprüfbar sein. Die Strafbestimmungen bezogen sich lediglich auf den Arzt. Die Frau wäre auch beim Entwurf

der Werner-Gruppe bei einer Abtreibung in den ersten 12 Wochen der Schwangerschaft straffrei gewesen.
In den Wochen vor der entscheidenden Sitzung der Unionsfraktion kam es noch einmal zu Auseinandersetzungen um den Kommissionsentwurf. Als erste kündigten Frauenministerin Angela Merkel und Familienministerin Hannelore Rönsch Änderungswünsche an. Es dürfe keine „Pflicht zur Protokollierung" des Gespräches zwischen Arzt und Frau geben (Merkel), und die ärztlichen Gesichtspunkte dürften „nicht justitiabel" (Rönsch) sein.
Daneben gab es in Bonn Anzeichen, daß auch Rita Süßmuth Änderungsanträge vorbereitete. Hinweise, daß Frau Süßmuth gemeinsam mit anderen Unionspolitikern einen völlig anderen Weg gehen würde, gab es am 12. September. In einem Interview sprach sich die Bundestagspräsidentin dafür aus, das Problem § 218 parteiübergreifend zu regeln. Es dürfe nicht daran gerührt werden, daß am Ende die Gewissensentscheidung der Abgeordneten den Ausschlag gebe. In gleicher Weise äußerte sich am gleichen Tage der FDP-Fraktionsvorsitzende Hermann Otto Solms.
Das Startzeichen, daß eine völlige Freigabe der Abtreibung in den ersten 12 Wochen der Schwangerschaft auch für Christdemokraten aus dem Westen eine Möglichkeit sein könnte, gab CDU-Präsidiumsmitglied Walter Wallmann. Er schrieb Mitte September im „Spiegel", das Problem der Abtreibung sei mit juristischen Kategorien nicht zu lösen, und er plädierte für die „Fristenlösung". Wallmann sprach damit als erster westlicher CDU-Politiker offen aus, was eine Reihe seiner Parteifreunde im Bundestag offenbar schon länger im Sinn hatten. Der Damm gegen die „Fristenregelung" in der Union war endgültig gebrochen.
Vor diesem Hintergrund schien die Sitzung der Fraktion, während der über die beiden Gesetzentwürfe aus den Reihen der CDU/CSU beraten wurde, nur noch eine Formsache zu sein. Dennoch machten es sich die Abgeordneten nicht leicht. Zwei Tage berieten sie mehrere Stunden über die Entwürfe. Nach dem ersten Tag schien nach Aussage von Teilnehmern sogar die Mehrheit für den Entwurf der Werner-Gruppe möglich.

Zum einen hatte Finanzminister Theo Waigel betont, daß die finanziellen Hilfen für Familien und Mütter nicht in dem Umfang gewährt werden könnten, wie es die Kommission vorgeschlagen hatte. Zum anderen hatte Ministerin Merkel den Eindruck erweckt, als handele es sich beim Kommissionsentwurf um eine „verkappte Fristenlösung“.
Am zweiten Tag der Beratungen wurde der Kommissionsentwurf mit großer Mehrheit der Anwesenden verabschiedet. Den Ausschlag hat nach Angaben von Teilnehmern der Einsatz des Bundeskanzlers für den Kommissionsentwurf gegeben.
Die Abstimmung aber, so deutlich auch deren Ergebnis von der Fraktionsführung nach außen vertreten wurde, ließ mehr Fragen offen, als daß sie Antworten gaben. So ist unklar, wieviel Abgeordnete an der Abstimmung teilnahmen. Während Fraktionschef Alfred Dregger von 300 sprach, nannten andere Sitzungsteilnehmer Zahlen von 180 bis 240. Die Ja-Stimmen für den Kommissionsentwurf wurden darüber hinaus nicht einmal gezählt. Veröffentlicht wurden 34 Gegenstimmen und 18 Enthaltungen. Sollte z. B. die kleinste Teilnehmerzahl, die genannt wurde, nämlich 180, korrekt sein, so hätte nicht die Hälfte der 318 Unionspolitiker im Bundestag für den Kommissionsentwurf votiert. Als sicher galt jedoch schon am Tag nach der Abstimmung, daß viele Abgeordnete der Sitzung ferngeblieben waren, um sich noch nicht endgültig auf einen Entwurf festzulegen. Dies war für den weiteren Verlauf der Gesetzgebung wesentlich. Da sich in der Fraktionssitzung kein Abgeordneter für die „Fristenregelung“ ausgesprochen hatte, ist zu vermuten, daß Unionspolitiker nicht an der Abstimmung teilgenommen hatten, die später der großen Koalition für die „Fristenregelung“ beitreten sollten.
Die Bemühungen um eine parteiübergreifende Initiative begannen noch vor der ersten Lesung der Gesetzentwürfe im Bundestag. SPD und FDP liebäugelten mit einem gemeinsamen Gesetzentwurf, lagen doch ihre Vorstellungen nicht weit auseinander. Hauptstreitpunkt war die Frage, ob es eine „Pflicht zur Beratung“ (FDP) oder ein „Recht auf Beratung“ (SPD) geben solle. Die Liberalen versuchten zudem Befürworter der „Fristenregelung“ aus der Union zu gewinnen. FDP-Chef Lambsdorff

schrieb am 22. September im Pressedienst seiner Partei: „Auch in der CDU gibt es bereits mehr als 40 Befürworter einer solchen Regelung.“ Bis sich diese offen zu erkennen gaben, vergingen noch einige Monate.

Nach der ersten Lesung der sechs vorliegenden Gesetzentwürfe setzte der Bundestag auf Antrag von CDU/CSU, SPD und FDP einen Sonderausschuß „Schutz des ungeborenen Lebens“ ein. Die „Frankfurter Allgemeine“ überschrieb ihren Kommentar zum Tage mit den Worten: „Der Rest ist Taktik.“ Diese Bewertung sollte sich als richtig erweisen. Doch die taktischen Winkelzüge fanden nicht im Sonderausschuß statt, sondern außerhalb. Die Arbeit des Ausschusses, so gewissenhaft sie gewesen sein mag, war im Grunde zum Scheitern verurteilt. Zur Anhörung des Gremiums lud jede Partei die Experten, deren Meinung sie hören wollte. Neue Erkenntnisse gab es nicht.

Während der Ausschuß seine Arbeit ohne große Öffentlichkeit – von den Berichten über die Anhörungen einmal abgesehen – erledigte, wurde ein Nebenkriegsschauplatz eröffnet, auf dem die Debatte unter anderen Bedingungen ausgefochten wurde. Mit einem Beschluß der Gesundheitsministerkonferenz am 25. Oktober, die klinische Erprobung der Abtreibungspille RU 486 zuzulassen, bekam die Diskussion eine neue Richtung. Jetzt ging es nicht mehr um die Frage, ob Abtreibung erlaubt sein soll, sondern lediglich um das Wie.

Die mit der Mehrheit der sozialdemokratischen Minister verabschiedete Entschließung wurde mit „gesundheitspolitischer Verantwortung“ begründet. Dieser Meinung schlossen sich im weiteren Verlauf der Diskussion auch CDU-Politikerinnen an, allen voran Rita Süßmuth und Angela Merkel. Im Streit um die Abtreibungspille zeigte sich erstmals sehr offen die politische Nähe von SPD, FDP und Teilen der CDU in der Abtreibungsfrage. Die Auseinandersetzung um RU 486, ob nun bewußt oder unbewußt herbeigeführt, war ein Markstein auf dem Weg zur parteiübergreifenden Mehrheit für die „Fristenlösung“. Die Kampagne für die Abtreibungspille war ein klassisches Beispiel, wie man die Aufmerksamkeit der Öffentlichkeit von der Hauptfrage, der Tötung ungeborener Kinder, auf eine Nebenfrage, nämlich, wie diese Tötung stattzufinden hat, lenken kann.

Es wurde suggeriert, daß die Entscheidung, Abtreibung zu erlauben, längst gefallen sei.
Auffallend in der Debatte bis zum Ende 1991 war, daß sich die ostdeutschen Politiker kaum an der öffentlichen Auseinandersetzung beteiligten. Sieht man einmal von Frauenministerin Merkel ab, die sich häufig in Interviews oder Stellungnahmen äußerte, so hielten sich die anderen Politikerinnen und Politiker aus den neuen Ländern vornehm zurück. Als „Vorkämpferinnen" für die Rechte der Frauen im Osten, denen keine „schlechtere Regelung" zugemutet werden sollte als die dort seit 1972 geltende „Fristenregelung", erwiesen sich vor allem Politikerinnen aus den alten Ländern. Dies lag einerseits daran, daß der § 218 in den fünf neuen Ländern nur eine untergeordnete Rolle im öffentlichen Interesse spielte, wie Umfragen zeigten. Andererseits war das starke westliche Engagement ein deutlicher Hinweis, daß die Neuregelung des § 218 kein Problem war, das nur auf die deutsche Einheit zurückzuführen war, wie später erläutert wird.
Die Wende in der Abtreibungsdiskussion nahm die Öffentlichkeit Mitte November 1991 wahr. Nach der Experten-Anhörung des Sonderausschusses sprachen sich erstmals sechs CDU-Abgeordnete offen für eine „Fristenregelung" im Sinne des FDP-Entwurfes aus. An der Spitze dieser Gruppe standen die Parlamentarier Horst Eylmann und Friedbert Pflüger. Damit zeichnete sich ab, daß die Union keine Mehrheit im Parlament mehr erreichen könnte, selbst wenn sich die Fraktion noch auf einen gemeinsamen Entwurf geeinigt hätte. Die CDU/CSU hätte für eine absolute Mehrheit im Bundestag zu ihren 318 noch 14 Stimmen aus anderen Fraktionen gebraucht. Dieses Ziel, das zunächst nicht einmal unrealistisch schien, rückte durch die neuen Abweichler in weite Ferne. Bei der Gruppe um Werner konnte noch erwartet werden, daß sie die Kröte des Kommissionsentwurfes der CDU/CSU geschluckt hätte, um in der Schlußabstimmung des Bundestages die „Fristenregelung" zu verhindern. Mit den ersten sechs „Abweichlern" aus der Union in Richtung FDP-Entwurf wurde jedoch die „merkwürdige Mehrheit" (Rheinische Post) von SPD, FDP, Bündnis 90, Grüne und PDS „in dieser buchstäblich existentiellen Frage" ge-

stärkt. Das letzte Hindernis war nur noch die im FDP-Entwurf vorgesehene Pflichtberatung, gegen die sich die SPD immer strikt gewandt hatte.

Die Initiative in der folgenden Zeit ging vor allem von der FDP aus. Die Liberalen warben weiter um die SPD wie auch um Abgeordnete der CDU, der PDS und vom Bündnis 90/Grüne. In der Öffentlichkeit wurde eine „taktische Pause", so eine FDP-Politikerin, eingelegt. Vor allem aus den Wahlkämpfen zu den Landtagswahlen zum Beginn des Jahres 1992 sollte das Thema herausgehalten werden. Diese Pause wurde dennoch für intensive Gespräche – zunächst vor allem zwischen FDP und SPD – genutzt. Mitte März schließlich gab die SPD ihr Nein zur Pflichtberatung auf. Das Argument der FDP, eine „Fristenlösung" könne vor dem Verfassungsgericht nur mit Pflichtberatung standhalten, hatte gezogen.

Der Gruppenantrag von SPD und FDP, der praktisch dem Gesetzentwurf der Liberalen entsprach, wurde am 8. Mai 1992 präsentiert. Gleichzeitig begann die Union sich vollends aufzulösen. Jetzt war die Stunde der ostdeutschen CDU-Abgeordneten gekommen, die sich bislang so still verhalten hatten. Mehrere Parlamentarier aus den neuen Ländern bekundeten, daß sie für die „Fristenlösung" stimmen würden. Der CDU-Politiker Hans-Joachim Sopart meinte: „Von den 60 CDU-Abgeordneten aus den neuen Ländern denken nach meiner Einschätzung mindestens zwei Drittel genauso." Damit bahnte sich eine breite Mehrheit für den Antrag an.

Allerdings fehlte noch prominente Unterstützung aus dem Unionslager. Diese sollte sich bald einstellen. Nachdem Rita Süßmuth bereits „positive Ansätze" im Gruppenantrag ausgemacht hatte, gab es in der Nacht zum 5. Juni eine lange Verhandlungsrunde, die mit einer Änderung des Gruppenantrages endete. Am Morgen erklärten Eylmann und Pflüger ihre Zustimmung ebenso wie Vertreterinnen der PDS und des Bündnis 90/Grüne. Ab diesem Tag galt es als sicher, daß der Entwurf die notwendigen 332 Stimmen im 662 Abgeordnete starken Bundestag erhalten würde.

Der Gruppenantrag beinhaltet eine „Fristenregelung" mit 12-Wochen-Frist. Darüber hinaus wird die Bestrafung der Frau ausgeschlossen, wenn eine Beratung erfolgte und seit Beginn der Schwangerschaft nicht mehr als 22 Wochen vergangen sind. Dem Arzt droht also bei einer Abtreibung nach Ablauf der 12 Wochen eine Strafe, der Frau nach 22 Wochen. Damit wurde ein Schlupfloch geschaffen: Eine Abtreibung im Ausland ist nach Beratung bis zur 22. Woche straffrei. Darüber hinaus gibt es eine medizinische und eine eugenische Indikation, die von einem Arzt schriftlich festgestellt werden müssen. Da die Frau nicht strafbar ist, wenn eine solche Feststellung fehlt, ist mit dem Gesetz eine Abtreibung letztlich bis zur Geburt straffrei möglich.

In der zuletzt geänderten Passage geht der Entwurf sogar noch weiter: Die Einfügung, daß Abtreibung nicht rechtswidrig ist, „wenn die Schwangere den Schwangerschaftsabbruch verlangt", bedeutet nichts anderes als ein Recht auf Abtreibung. Damit ist Abtreibung „eine Art der Empfängnisverhütung", wie Augstein es genannt hatte.

Die Mehrheit im Parlament störte sich daran offensichtlich nicht. Als es zur Abstimmung nach der dritten Lesung der Gesetze kam, stimmten 355 Abgeordnete für den Gruppenantrag, 283 dagegen, 16 enthielten sich der Stimme. Insgesamt hatten 32 CDU-Politikerinnen und Politiker für die „Fristenlösung" gestimmt, darunter Rita Süßmuth und Horst Eylmann. Sieben CDU-Parlamentarier enthielten sich der Stimme. Für den Mehrheitsentwurf der CDU/CSU-Fraktion votierten 273 Abgeordnete.

Wenn bei 654 anwesenden Parlamentariern alle CDU/CSU-Abgeordneten den Gruppenantrag abgelehnt hätten, wären 322 Gegenstimmen zustande gekommen, denen 323 Ja-Stimmen und 9 Enthaltungen gegenübergestanden hätten. Damit wäre zwar die „Fristenlösung" ebenfalls angenommen worden, aber dieses knappe Ergebnis wäre für die Bewußtseinsbildung in der Bevölkerung und die Einheit der CDU/CSU von nicht zu unterschätzender Bedeutung gewesen.

Mit der deutschen Einheit hat sich im Bundestag eine neue breite Mehrheit für die Freigabe der Tötung ungeborener Kinder etabliert. Der Grund war in erster Linie nicht in der „merkwürdigen Mehrheit" von SPD, FDP, PDS und Bündnis 90/Grüne

zu suchen. Den Ausschlag hatte vielmehr das Auseinanderfallen der CDU in dieser elementaren Grundfrage gegeben. 14 Stimmen hätte eine geschlossene Union zur absoluten Mehrheit gebraucht. Die Suche nach solchen Befürwortern einer Indikationslösung war nicht von vornherein aussichtslos, zumal es sowohl in der SPD und der FDP wie auch beim Bündnis 90 Gegner der „Fristenregelung“ gab. Daß dies nicht gelang, dürfte daran gelegen haben, daß eine Reihe von CDU-Politikerinnen und -Politikern von vornherein nichts anderes als die „Fristenregelung“ im Sinne hatte. Nur diesen einen Schluß läßt die Analyse der Diskussion und Beschlüsse zu.
Die Art der Verhandlungsführung, die öffentlichen Äußerungen wie auch das Abstimmungsverhalten – vor allem westlicher CDU-Politiker(innen) – machen zudem ein Zweites deutlich: Die deutsche Einheit war nicht Grund für die Einführung der „Fristenregelung“ in ganz Deutschland, sondern lediglich das Einfallstor. Die Ursachen, warum die Tötung ungeborener Kinder erleichtert wurde, sind im Westen zu suchen und dort auch zu finden, wie im weiteren belegt wird. Die „Fristenregelung“ ist also nur insofern eine Erblast der Einheit, als daß der Einigungsvertrag den Weg zu diesem Gesetz endgültig freimachte. Geebnet worden war er lange vorher in Staat und Gesellschaft.

2. Geschichte der Abtreibung

In der Geschichte der Menschheit hat es immer Abtreibungen gegeben. In der Antike z. B. war die Tötung ungeborener Kinder durchaus an der Tagesordnung. Die Väter hatten das Recht, über das Leben ungeborener wie geborener Kinder zu entscheiden. Abtreibung ist also nicht ein Problem, das erst mit dem Fortschritt in der Medizin entstanden ist. Ein deutlicher Beleg dafür ist der Eid des Hippokrates. Der griechische Arzt, der um 460 bis 375 v. Chr. lebte, verpflichtete seinen Berufsstand darin, für das Leben zu wirken; dies galt ausdrücklich auch für das Kind im Mutterleib.
Frühe christliche Schriften wandten sich ebenfalls gegen die Abtreibung, wie Bischof Karl Lehmann bei der Herbstvollver-

sammlung der Deutschen Bischofskonferenz 1991 in seinem Eröffnungsreferat darlegte. So hieß es z. B. in der „Lehre der zwölf Apostel", die aus dem späten 1. oder frühen 2. Jahrhundert stammt: „... du sollst ein Kind nicht abtreiben und das Geborene nicht töten ..."

In Staat und Gesellschaft in Deutschland hielt sich lange Zeit die alte römische Auffassung, das ungeborene Kind sei Teil des Eingeweides der Mutter. Als erstes rechtliches Verbot der Abtreibung gilt die Bamberger Halsgerichtsordnung aus dem Jahre 1507. In der Constitutio Criminalis Carolina, die 1532 Reichsgesetz wurde, war Abtreibung eines Kindes, das älter als 40 Tage war, mit Todesstrafe bedroht. Es wurde noch die Auffassung des Aristoteles im Gesetz berücksichtigt, daß der Embryo bis zu 40 Tagen nach der Empfängnis leblose Materie sei.

Nachdem sich im Laufe des 18. Jahrhunderts die Erkenntnis durchgesetzt hatte, daß das ungeborene Kind vom Zeitpunkt der Empfängnis an lebt, trug auch das Recht bald diesem Umstand Rechnung. So gestand das Allgemeine Preußische Landrecht von 1794 die Menschenrechte „auch den noch ungeborenen Kindern schon von der Zeit ihrer Empfängnis" an zu. Das preußische Strafrecht von 1851 sah Zuchthausstrafen für die Abtreibung vor, ebenso das Strafgesetzbuch des Deutschen Reiches von 1871.

Dennoch steigt zur Mitte des 19. Jahrhunderts die Zahl der Abtreibungen an. Wissenschaftler sehen als Ursachen den Wunsch der Frauen nach weniger Kindern sowie den Anspruch auf Selbstbestimmung. Öffentlich wurde dieser Trend nicht propagiert, sondern ein Recht auf Abtreibung wurde im Verborgenen in Anspruch genommen.

Versuche, die gesetzlichen Bestimmungen zu lockern und Abtreibung in den ersten drei Monaten der Schwangerschaft straffrei zu lassen, gab es im Deutschen Reichstag bereits Anfang der 20er Jahre dieses Jahrhunderts. Der SPD-Abgeordnete und Jurist Gustav Radbruch brachte z. B. am 31. Juli 1921 eine Gesetzesinitiative ein, deren Ziel die „Fristenlösung" war. Dieser wie auch andere Versuche kamen nicht zum Ziel. Eine Entscheidung des Reichsgerichtes vom 11. März 1927 dagegen führte zu

einer Änderung der rechtlichen Bestimmungen. Das Gericht entschied, daß eine Abtreibung „nicht rechtswidrig" sei, wenn nur dadurch die Gefahr des Todes oder der schweren Gesundheitsschädigung der Schwangeren abgewendet werden könne. In der Rechtsgüterabwägung zwischen dem Leben der Mutter und dem des ungeborenen Kindes entschied das Gericht, der „fertige Mensch" habe Vorrang. Diese Unterscheidung wurde nicht erläutert. Sie rief Kritik hervor, die bis heute nicht verstummt ist. Der Historiker Michael Gante nennt diese Güterabwägung ein „angreifbares Fundament". Wenn auch die Unterscheidung zwischen „fertigem" und „unfertigem" Menschen medizinisch, embryologisch und ethisch nicht haltbar ist, so ist doch die medizinische Indikation heute unstrittig.
Diese Indikation wurde unter den Nationalsozialisten 1935 in das „Erbgesundheitsgesetz" aufgenommen. Wie der Name des Gesetzes schon ausdrückt, sahen die Nazis Abtreibung immer in Verbindung mit ihren rassistischen Zielen. Nicht das Lebensrecht des einzelnen Kindes, sondern „die deutsche Volkskraft" war höchstes Rechtsgut. Dies führte zur unterschiedlichen Behandlung der Abtreibung bei „Arierinnen" und „Nicht-Arierinnen". Diese Rechtsbeugung der Nazis hat ebenso wie deren Vernichtung Behinderter dazu geführt, daß die Auffassung vom „unwerten Leben" noch immer in so manchen Köpfen herumspukt.
Nach dem Krieg gab es im Zusammenhang mit den Beratungen des Parlamentarischen Rates über das Grundgesetz erneut Forderungen, die Abtreibungsgesetze zu lockern. Die Initiative ging von der KPD und Teilen der SPD – hier vor allem dem Frauenbüro – aus. Die Bestrebungen scheiterten an der SPD-Mehrheit sowie den konservativen Parteien.
Die strafrechtlich restriktive Behandlung der Abtreibung wurde auch in der Strafrechtsreform vom Juni 1969 noch einmal festgeschrieben, allerdings mit geringeren Strafen. Gante spricht davon, daß der Strafbestand „Vergehenscharakter" erhalten habe.
Erst nachdem die Wahlen im September 1969 zur sozial-liberalen Koalition geführt hatten, kam erneut Bewegung in die Abtreibungsdebatte. 16 Hochschullehrer legten 1970 den Alterna-

tiv-Entwurf eines Strafgesetzbuches vor. In der Abtreibungsfrage gab es einen Mehrheitsvorschlag, der eine „Fristenlösung" vorsah. Im ersten Monat der Schwangerschaft sollte Abtreibung demnach grundsätzlich straffrei sein, im zweiten und dritten Monat sollte eine Beratung Voraussetzung für Straffreiheit sein. Nach dem dritten Monat sollte Abtreibung aus medizinischen oder eugenischen Gründen ohne Frist erlaubt sein. Der Minderheitsvorschlag beinhaltete ebenfalls die völlige Freigabe der Tötung ungeborener Kinder in den ersten vier Wochen der Schwangerschaft. Danach sollten für die Abtreibung bis zum Ende des dritten Schwangerschaftsmonats verschiedene Indikationen gelten. Neben der medizinischen, eugenischen und kriminologischen Indikation waren noch zwei weitere Indikationen für die Straflosigkeit benannt: wenn die Schwangere das 16. Lebensjahr noch nicht vollendet hat; wenn die Versorgung anderer Kinder der Schwangeren gefährdet würde. Die Genehmigung für die Abtreibung sollte jeweils von einer ärztlichen Gutachterstelle erteilt werden.

Am 14. Februar 1972 leitete die Bundesregierung dem Parlament einen Gesetzentwurf zu, der im wesentlichen auf dem Minderheitenvotum der Professoren basierte. Im Entwurf waren die medizinische, eugenische und kriminologische Indikation enthalten. Hinzu kam als Strafausschließungsgrund die allgemeine Notlage. Darüber hinaus sah das Gesetz eine weitgehende Beratungspflicht vor. So sollte der abtreibende Arzt beraten werden, ob die Voraussetzungen der allgemeinen Notlage gegeben seien. Berater sollte ein ärztlicher Berater der Ärztekammer, ein mit den Lebensverhältnissen der Schwangeren besonders vertrauter Arzt oder eine zugelassene soziale Beratungsstelle sein.

Dieser Gesetzentwurf hatte jedoch in der Regierungskoalition von SPD und FDP keine Mehrheit, denn im Frühjahr 1972 griff die Illustrierte „Stern" die Kampagne „Ich habe abgetrieben" auf.

374 Frauen bekannten, daß sie abgetrieben hatten, und forderten die völlige Streichung des § 218. Die Selbstbezichtigungskampagne, die über mehrere Wochen ging, verfehlte in der Öffentlichkeit ihre Wirkung nicht. Die FDP und weite Teile der

SPD schlossen sich der Forderung nach einer „Fristenregelung“ an. Nachdem ein Sonderparteitag der Sozialdemokraten sich mit großer Mehrheit für die Freigabe der Abtreibung in den ersten drei Monaten ausgesprochen hatte, wurde gemeinsam mit der FDP ein Gruppenantrag zur Einführung der „Fristenlösung“ eingebracht. Damit stand der Regierungsentwurf gegen den Entwurf aus den die Regierung tragenden Parteien. Zur Abstimmung kam es nicht, da der Bundestag vorzeitig aufgelöst wurde.

In der nächsten Legislaturperiode brachten die Fraktionen von SPD und FDP erneut die „Fristenlösung“ mit Beratungspflicht ein. Einige sozialdemokratische Parlamentarier legten den ehemaligen Regierungsentwurf mit der Indikationenregelung als Gruppenantrag vor. Die Union konnte sich damals schon nicht einigen und präsentierte zwei Anträge. Der Fraktionsantrag sah eine weit gefaßte medizinische Indikation vor, welche die eugenische und kriminologische Indikation einschloß. Ein Minderheitenentwurf faßte diese Indikation enger.

Die Entwicklung in der Union zeigte sehr deutlich, wie sich die Koordinaten im Laufe der Zeit verschoben haben. In den Nachkriegsjahren herrschte Einigkeit, daß nur die rein medizinische Indikation erlaubt sein dürfe. Anfang der 70er Jahre war dies schon Minderheitsmeinung in der CDU/CSU-Fraktion. Die Mehrheit hatte sich zu anderen Indikationen hin geöffnet.

20 Jahre später vertrat nur noch eine Minderheit in der Union die weit gefaßte medizinische Indikation, welche die anderen beinhaltet. Die Mehrheit hatte sich in Richtung „Fristenregelung“ bewegt, wobei es die offenen Befürworter eines solchen Gesetzes gab und die Protagonisten der „verkappten Fristenlösung“.

Für den Beschluß am 26. April 1974 spielte die Uneinigkeit der Union jedoch keine Rolle. Entscheidend für das Votum des Parlaments war, daß bei der Schlußabstimmung 27 SPD-Abgeordnete, die zunächst für eine Indikationenlösung eingetreten waren, letztlich der „Fristenlösung“ ihre Stimme gaben.

Der Bundestag hatte zwei Jahre nach der DDR-Volkskammer die Freigabe der Abtreibung beschlossen. Beide Gesetze unterschieden sich in der Ausgangslage, denn das DDR-Gesetz stellte die Abtreibung ausdrücklich als eine Möglichkeit der Familienplanung dar. Dies war im Westen so nicht der Fall. Das DDR-Gesetz blieb in der Fassung von 1972 bis zur Einheit bestehen. Im Zuge der deutschen Einigung wurde zwar in den neuen Ländern die „Fristenregelung“ erhalten, jedoch die Passage über Abtreibung als Möglichkeit der Familienplanung gestrichen.

In der Bundesrepublik sollte die „Fristenlösung“ nicht lange Bestand haben. Am 25. Februar 1975 wurde das Gesetz, gegen das die CDU/CSU-Bundestagsfraktion geklagt hatte, vom Bundesverfassungsgericht verworfen. Die Karlsruher Richter betonten in ihrer Entscheidung, daß „das sich im Mutterleib entwickelnde Leben“ als selbständiges Rechtsgut unter dem Schutz der Verfassung stehe. Dabei verwiesen die Richter auf Art 2. Abs. 2 GG (Recht auf Leben) und Art. 1 Abs. 1 GG (Menschenwürde). Das Verfassungsgericht verpflichtete den Staat, „sich schützend und fördernd vor dieses Leben zu stellen“.

Eindeutig betonte Karlsruhe den Vorrang des Lebensrechtes des Kindes vor dem Selbstbestimmungsrecht der Frau. Mit der Schlußfolgerung, das Fünfte Gesetz zur Reform des Strafrechts sei der verfassungsrechtlichen Verpflichtung, das werdende Leben zu schützen, nicht in dem gebotenen Umfang gerecht geworden, wurde die „Fristenlösung“ vom BVG verworfen.

Der Bundestag stand nun vor der Aufgabe, ein neues der Verfassung entsprechendes Gesetz zu formulieren. Die Koalition aus SPD und FDP bereitete einen Entwurf vor. Er sollte möglichst nahe an die „Fristenregelung“ herankommen. Die CDU/CSU brachte einen eigenen Entwurf ein, der ebenfalls eine soziale Indikation vorsah und deshalb nicht von allen Unionsabgeordneten mitgetragen wurde. Dies war jedoch unerheblich, da die Koalition am 12. Februar 1976 ihr Gesetz verabschiedete.

Das Gesetz, das über 16 Jahre gelten sollte, wurde von Juristen als „verkappte Fristenlösung“ kritisiert. Die Kirche betonte, sie werde sich mit dieser Regelung niemals abfinden. Die Schwangere war nach den neuen Paragraphen 218ff. immer straffrei. Damit auch der Arzt straffrei ausging, mußte einerseits eine der

Indikationen (soziale, eugenische, medizinische oder kriminologische) vorliegen. Darüber hinaus mußte drei Tage vor der Abtreibung eine Beratung stattgefunden haben.
Wie sehr dieses Gesetz der „Fristenlösung“ nahekam, zeigte die Praxis der folgenden Jahre. Der Anteil der sozialen Indikationen stieg im Laufe der Zeit immer mehr an. Die „soziale Notlage“ war schließlich in 90 % der Abtreibungen die Begründung für die Tötung ungeborener Kinder, und das in einem reichen Land wie der Bundesrepublik. Auch die Zahl der Abtreibungen blieb immer im Dunkeln. Gemeldet wurden dem Statistischen Bundesamt jährlich rund 80 000 Abtreibungen, die tatsächliche Zahl lag dagegen nach zuverlässigen Schätzungen bei etwa 250 000 bis 300 000.
Nach der sogenannten „Wende“ in Bonn 1982 gab es vor allem aus den Reihen der CDU/CSU immer wieder Anläufe, Verbesserungen am geltenden Recht vorzunehmen. Eine Änderung der Gesetze war jedoch nicht durchsetzbar, da der Koalitionspartner FDP dafür nicht zu gewinnen war. Die Bemühungen konzentrierten sich deshalb auf Verbesserungen bei der Beratung sowie die Forderung nach Abschaffung der Finanzierung aller Abtreibungen durch die Krankenkassen.
Da für die Abschaffung der Kassenfinanzierung keine politische Mehrheit im Bundestag vorhanden war, wurde in der Union schon früh über eine Verfassungsklage beraten. Diese scheiterte zunächst am innerparteilichen Taktieren. So wollte die Mehrheit der Bundestagsfraktion von CDU/CSU die Klage nicht einreichen. Die Bundesregierung konnte die Initiative nicht ergreifen, weil die FDP dagegen war. Bundeskanzler Kohl setzte darauf, daß ein CDU-regiertes Bundesland den Weg zum Verfassungsgericht beschreiten würde. Allerdings ließ eine solche Initiative lange auf sich waren: Erst im Februar 1990 reichte die bayerische Landesregierung eine entsprechende Klage in Karlsruhe ein, nachdem zuvor ein letzter politischer Versuch zur Abschaffung der Kassenfinanzierung von Abtreibungen gescheitert war.
Ansatzpunkt in der Auseinandersetzung im Herbst 1988 war die Gesundheitsreform. In das neue Gesetz sollten auch die Paragraphen der Reichsversicherungsordnung (RVO) übertragen

werden, in denen die Abtreibungsfinanzierung geregelt ist (Paragraph 200f.). Dazu verweigerte ein Teil der Abgeordneten von CDU und CSU ihre Zustimmung. Die Parlamentarier wollten nicht bestätigen, was sie immer abgelehnt hatten. Um die Gesundheitsreform zu retten, wurde in mühsamen Verhandlungen ein Kompromiß gefunden: Die RVO-Paragraphen blieben im Gesundheitsreformgesetz bestehen, so daß die neuerliche Zustimmung zur Kassenfinanzierung von Abtreibungen nicht nötig war. Letztlich war die Zahl der Abgeordneten, welche bereit waren, die Gesundheitsreform an der Abtreibungsfrage scheitern zu lassen, zu gering, um den nötigen Druck für die Änderung der RVO auszuüben.

Ebenso wie die Versuche zur Abschaffung der Kassenfinanzierung scheiterten auch die Bemühungen um ein Beratungsgesetz. Obwohl das Ziel, eine solche Regelung zu erreichen, von den Regierungsparteien vereinbart war, kam das Gesetz nie zustande. Die CSU versuchte, über das Beratungsgesetz zumindest die in Bayern geltenden schärferen Beratungsvorschriften bundesweit durchzusetzen. Ziel war die räumliche, zeitliche und personelle Trennung von Beratung, Indikationsstellung und Abtreibung. Der einfache Weg von Tür zu Tür, wie er insbesondere bei „pro familia“ gängige Praxis ist, sollte nicht mehr möglich sein. Dagegen wandte sich die FDP, die kein Interesse an einer Änderung der Abtreibungspraxis hatte. War doch ihr Ziel ohnehin die „Fristenregelung“. Was am Ende blieb, waren gegenseitige Schuldzuweisungen für das Nicht-Zustandekommen des Beratungsgesetzes.

Die politischen Konstellationen der Jahre seit 1975 hatten eine Änderung der Abtreibungsgesetzgebung nicht zugelassen. Ein Beratungsgesetz oder auch die Abschaffung der Kassenfinanzierung der Abtreibungen wäre wohl nur bei einer absoluten Mehrheit von CDU und CSU im Bundestag möglich gewesen. Und selbst an dieser These gibt es Zweifel, zumal die Anzahl der sogenannten „Lebensschützer“ in der Unionsfraktion immer geringer wurde. Die von Bundeskanzler Helmut Kohl beim Regierungswechsel versprochene „geistig-moralische Wende“ trat in der Frage des Schutzes ungeborener Kinder nicht ein – wie sie übrigens insgesamt nicht erreicht wurde.

Das Gegenteil war eher der Fall: Auch unter der CDU/CSU/FDP-Koalition schritt die gängige Praxis der Abtreibung in eine Richtung voran, die kaum noch von der „Fristenregelung“ zu unterscheiden war. Selbst um Verstöße gegen das Gesetz kümmerte sich kaum jemand. Am offenkundigsten wurde dies bei der Meldepflicht der Ärzte. Diese wurde kaum befolgt, da dem Statistischen Bundesamt jährlich „nur“ etwa 80 000 Abtreibungen gemeldet, gleichzeitig bei den gesetzlichen Krankenkassen aber 200 000 abgerechnet wurden. Außer der katholischen Kirche, einer Reihe von Unionspolitikern sowie verschiedener kleiner Lebensschutzorganisationen hatte niemand ein Interesse daran, das geltende Gesetz zu ändern. Auch das Bundesverfassungsgericht, das schon oft die Kohlen für die Politiker hatte aus dem Feuer holen müssen, zeigte keine Neigung, die bayerische Klage rasch zu entscheiden. Die deutsche Einheit und die Selbstverpflichtung der Politiker, bis zum 31. 12. 1992 zu einer gesetzlichen Regelung für ganz Deutschland zu gelangen, kamen dabei den Interessen des Gerichtes entgegen. Nicht zuletzt auch, weil sich die Union nicht frühzeitig zu einer Klage gegen das Gesetz, das zumindest am unteren Rand der Verfassungsmäßigkeit lag, entschließen konnte, war die Etablierung der De-facto-Fristenregelung möglich. Ein weiterer wichtiger Grund dafür war sicher, daß der Staat nicht nur die Gesetze gelockert hatte, sondern darüber hinaus auch durch die Kassenfinanzierung das Schwinden des Unrechtsbewußtseins förderte. „Was von Krankenkassen bezahlt wird, kann kein Unrecht sein“, wurde zur gängigen Meinung. Dem Staat brachte dies den Vorwurf des Bonner Professors Josef Isensee ein, daß „der Staat tötet“.

Im Grunde war die Auseinandersetzung um die Einführung der „Fristenlösung“ bei der Abtreibung politisch zum Beginn der 70er Jahre verloren. Diejenigen, die sich für einen besseren Schutz des ungeborenen Lebens einsetzten, waren schon damals in der Minderheit. Lediglich das Verfassungsgericht machte den politischen Bestrebungen noch einen Strich durch die Rechnung. Die Politiker verstanden es jedoch, diese Hürde zu umgehen – mit einem Gesetz, das auf dem Papier den Anforderungen der Verfassungsrichter zu genügen schien.

Möglich war diese Entwicklung, weil sich die Koordinaten im Wertesystem von Staat und Gesellschaft seit der Gründung der Bundesrepublik allmählich und – besonders zum Ende der 60er Jahre – erheblich verschoben haben. Die Abkehr von Grundwerten, die auf christlichem Fundament entstanden waren, in allen gesellschaftlichen Bereichen ist an der staatlichen und gesellschaftlichen Haltung zur Abtreibung nicht spurlos vorübergegangen. Dies sollte sich auch beim zweiten Urteil der Verfassungsrichter zur Abtreibung zeigen.

3. Das Urteil des Verfassungsgerichts

Nachdem auch der Bundesrat – übrigens mit Zustimmung oder Enthaltung der CDU-regierten Länder – die „Fristenlösung“ hatte passieren lassen, unterzeichneten Bundeskanzler und Bundespräsident das Gesetz. Die bayerische Staatsregierung und 248 Abgeordnete der Unionsfraktion im Bundestag stellten jedoch beim Bundesverfassungsgericht einen Antrag auf einstweilige Anordnung, um das Inkrafttreten des Gesetzes zu verhindern. Der Antrag bezog sich auf Artikel 13 Nr. 1, in dem der strafrechtliche Teil geregelt ist, sowie auf Artikel 15 Nummer 2, in dem die bisherige Meldepflicht von Abtreibungen aufgehoben wurde.

In seinem Urteil vom 4. August 1992 setzte das BVG die Artikel 13 Nummer 1 und 16, der die Abschaffung des alten DDR-Rechts beinhaltet, außer Kraft. Damit galt zunächst in Deutschland weiterhin zweierlei Recht. Die Meldepflicht führten die Richter mit ihrem Urteil jedoch schon für die neuen Länder ein.

Das Gericht begründete seinen Beschluß damit, daß die angekündigte Verfassungsklage „weder unzulässig noch offensichtlich unbegründet erscheint“. Es sei ein schwerer Nachteil für das gemeine Wohl, wenn das neue Gesetz im Falle seiner Verfassungswidrigkeit nach einigen Monaten wieder außer Kraft gesetzt werden und einem anderen Konzept weichen müßte. Aufgrund dieser Nachteilsabwägung gab das Gericht dem Antrag auf einstweilige Anordnung statt.

Entgegen anderslautenden Beurteilungen sagte die Entscheidung nichts über ein mögliches Urteil im Hauptverfahren, nämlich der Verfassungsklage gegen die „Fristenregelung", aus. Die Richter betonten ausdrücklich, daß bei ihrer Entscheidung die Gründe, die für die Verfassungswidrigkeit sprechen, ebenso außer Betracht gelassen worden seien wie die Gegengründe. Zwar betonte das Gericht, „daß es sich bei der Schutzpflicht des Staates gegenüber ungeborenem menschlichen Leben um einen fundamentalen Bestandteil der Verfassungsordnung der Bundesrepublik Deutschland handelt". Wie dieser Schutz zu erfolgen hat, ließen die Richter jedoch offen. In der gesamten Urteilsbegründung gab es keinen Hinweis darauf, ob das Verfassungsgericht am Urteil von 1975 festhalten und einen strafrechtlichen Schutz fordern würde oder ob es unter bestimmten Umständen auch der „Fristenregelung" folgen würde. Das Gericht stellte zunächst nur fest, daß zwei völlig unterschiedliche Auffassungen über den Schutz des ungeborenen Lebens vorlägen. Bemerkenswert war allerdings, daß das neue Gesetz von den Richtern im Kontext ihrer Ausführungen als Konzept zum Schutz des Lebens bezeichnet wurde. Dennoch ging aus der Entscheidung zur einstweiligen Anordnung nicht hervor, ob dieses Konzept ganz oder in Teilen der Verfassung entspricht oder nicht.

Am 25. August 1992 reichten die Bevollmächtigten Prof. Peter Lerche und Prof. Dr. Fritz Ossenbühl die Verfassungsklage der 248 CDU/CSU-Abgeordneten gegen das neue Gesetz ein. In der Klageschrift hieß es unter anderem, daß der Charakter der Neuregelung als einer „generellen Legalisierung" von Abtreibungen nicht bezweifelt werden könne. Dies verstoße gegen das Grundgesetz. Die Professoren führten aus, daß die Beratung sich nicht auf eine bloße Information über Leistungseinrichtungen oder Rechtsansprüche beschränken dürfe, wenn sie die ihr zugedachte Schutzfunktion erfüllen solle. Wer die Tendenzberatung als Prinzip ablehne und demgegenüber die souveräne Entscheidung der Frau in der Vordergrund rücke, ordne das Selbstbestimmungsrecht der Frau eindeutig dem Lebensschutz vor und stehe damit außerhalb des verfassungsrechtlich geforderten Rechtfertigungssystems. Die Ernsthaftigkeit der Beratung müsse jedoch angesichts ihrer Schutzfunktion im Gesetz klar zum Ausdruck kommen. Die Klageschrift stellte fest, daß zumindest die §§ 218a Abs. 1 (Nicht-Rechtswidrigkeit der Abtreibung) und 219 Abs. 1 und Abs. 3 Satz 1 (Beratung) verfassungswidrig seien. Da aber die Nichtigkeit dieser Vorschriften nicht isoliert festgestellt werden könne, weil es sich bei den strafrechtlichen Vorschriften um eine systematische Einheit handele, führe dies zur Nichtigkeit der gesamten Neuregelung des Strafrechtsbereiches.

Das Verfassungsgericht war nun gezwungen, zur Abtreibung erneut zu beraten und ein Urteil zu fällen. Da die Klage des Freistaates Bayern gegen das alte Recht in der ehemaligen Bundesrepublik vom Februar 1990 noch nicht behandelt worden war, wurde diese in das neue Verfahren mit einbezogen.

Die öffentliche Diskussion um die Abtreibung verstummte zunächst. Wenige Tage vor der für den 8. und 9. Dezember 1992 anberaumten mündlichen Verhandlung über die Verfassungsklagen nahm sie jedoch deutlich an Schärfe zu. Im Mittelpunkt der Auseinandersetzung standen zwei Mitglieder des höchsten Gerichtes: Ernst-Wolfgang Böckenförde und Klaus Winter. Eine Reihe von prominenten Frauen aus Politik, Kultur und Verbänden forderte die Richter auf, aus dem Verfahren auszuscheiden, da Zweifel an der Unvoreingenommenheit und Vorurteilsfreiheit der Richter bestünden. Böckenförde und Winter wurde in einem offenen Brief, der unter anderem von der brandenburgischen Ministerin Regine Hildebrandt, ÖTV-Chefin Monika Wulf-Mathies, der stellvertretenden DGB-Vorsitzenden Ursula Engelen-Kefer und Bauministerin Irmgard Schwaetzer unterzeichnet war, vorgeworfen, sie seien Abtreibungsgegner. Böckenförde war bis 1990 Mitglied der Juristen-Vereinigung Lebensrecht, Winter habe Abtreibungsgegner als Gutachter eingeladen. Der „Spiegel“ verstieg sich zu der Aussage: „Einige Richter sind bekennende Katholiken, lehnen die Fristenlösung entschieden ab. Grund genug, an ihrer Unbefangenheit zu zweifeln.“

Einen Befangenheitsantrag stellen konnten die Verteidigerinnen der „Fristenlösung“ gegen die zwei Richter jedoch nicht. Im Verfahren um das neue Gesetz gab es lediglich die Antragsstel-

ler – also die klagenden Abgeordneten –, nicht jedoch Antragsgegner. Der Antrag auf Befangenheit eines Richters hätte also nur von den CDU/CSU-Politikern kommen können. Diese jedoch hatten selbstverständlich kein Interesse daran. Aufgrund der juristisch eindeutigen Situation ergriffen die Befürworter(innen) des neuen Gesetzes die öffentliche Initiative.
Was dabei am meisten schmerzte, war für die Protagonisten des Gesetzes die Tatsache, daß Richter Böckenförde Mitglied der SPD ist und auf Vorschlag aus seiner Partei zum höchsten Gericht gekommen war. Die Möglichkeit, daß die Stimme eines SPD-Mitgliedes im Kreis der Richter die „Fristenlösung" zu Fall bringen könnte, muß die Politiker(innen) – vor allem eben aus der SPD – so sehr beunruhigt haben, daß sie vor noch so unqualifizierten Angriffen nicht zurückschreckten. Denn ernsthaft kann die Tatsache, daß jemand Katholik ist und er für den Erhalt des menschlichen Lebens eintritt, kein Grund zur Befangenheit als Richter sein.
Daran ließ das Verfassungsgericht letztlich keinen Zweifel. Die acht Richter ergriffen mangels anderer Antragsmöglichkeiten selbst die Initiative und befaßten sich mit dem Vorwurf der Befangenheit. Der Zweite Senat wies am 4. Dezember in einer einstimmig verabschiedeten Erklärung die Vorwürfe zurück. Weder die frühere Mitgliedschaft in der Juristen-Vereinigung Lebensrecht noch die Benennung eines dem Verein angehörenden Gutachters ließen Zweifel an der Unparteilichkeit des Richters zu. Böckenfördes Mitgliedschaft in der Juristen-Vereinigung wertete das Gericht ähnlich einer Parteimitgliedschaft. Diese begründe keine Befangenheit. Zugleich stellte das Gericht klar, daß nicht Winter, sondern Böckenförde den Gutachter Stürner, der der Juristen-Vereinigung angehört, benannt habe.
Auffallend war, daß dieser Beschluß – wie schon das Urteil zur einstweiligen Anordnung – von der Richterin und den Richtern einstimmig erfolgte. Darüber hinaus enthielt sich das Gericht jeder politischen Wertung der Attacken. Offensichtlich sollte in dieser gesellschaftlich und politisch so umstrittenen Frage kein Zweifel an der Unabhängigkeit, Sachlichkeit und Geschlossenheit des Gerichts aufkommen. Damit taten die Richter das einzig Richtige. Denn ein Streit im Vorfeld der Hauptverhandlung

hätte das Ansehen des Gerichts so sehr gemindert, daß jedes Urteil von vornherein fragwürdig gewesen wäre.
Dennoch gab es weitere Angriffe gegen das Gericht. Zwei Tage vor Beginn der Hauptverhandlung fand in Köln eine Veranstaltung des Frauenreferats der SPD statt, bei der rund 200 Frauen aus Politik, Gewerkschaften, Kultur und Kunst dagegen protestierten, „daß eine Mehrheit von konservativen Männern über die ureigensten Belange der Frauen richten werden". Erneut wurden die Richter Böckenförde, Winter und Klein wegen ihrer ablehnenden Haltung zur „Fristenlösung" angegriffen. „Begleitet von solidarischen Grüßen der Bundestagspräsidentin Rita Süßmuth", so die FAZ am 7. Dezember, äußerten die Frauen ihre „bangen Erwartungen an Karlsruhe".
In Bonn erklärte die SPD-Abgeordnete Inge Wettig-Danielmeier, falls das Verfassungsgericht das neue Gesetz ablehne, würde es zu einem weiteren Vertrauensverlust für die Demokratie in Deutschland beitragen. Bundestagsvizepräsidentin Renate Schmidt meinte, die „Fristenregelung" sei von der Mehrheit des Parlaments verabschiedet worden und werde von der Mehrheit der Bevölkerung gewünscht. Wenn jetzt durch Karlsruhe eine Korrektur erfolge, gleichzeitig aber Zweifel an der Unbefangenheit der Richter in der Öffentlichkeit nicht auszuräumen seien, „dann bleibt nicht nur ein fader Beigeschmack, dann nehmen die Politikverdrossenheit und das Mißtrauen des Bürgers gegenüber staatlichem Handeln weiter zu".
Wohl noch nie zuvor in der Geschichte der Bundesrepublik ist versucht worden, auf das Bundesverfassungsgericht dermaßen Druck auszuüben. Nicht das Gericht oder einzelne Richter, sondern die groben Attacken, Unterstellungen und öffentlichen Behauptungen, das Gericht sei zu einer rechtmäßigen Entscheidung nicht in der Lage, sind die tatsächliche Gefahr für die Demokratie. Wie soll die Bevölkerung ein Urteil anerkennen, daß schon vor der Verhandlung als parteiisch abgetan wird? So stand schon vor dem Urteil fest: Das Ansehen des Gerichts hat gelitten – nicht durch die Richter, sondern durch jene, die die Unparteilichkeit des Gerichts für den Fall bezweifelten, daß es der „Fristenlösung" nicht voll zustimmen würde.

Über die mündliche Verhandlung, die am 8. Dezember begann, lag folglich zunächst ein dunkler Schatten. Dennoch waren alle Prozeßbeteiligten um Sachlichkeit bemüht. Während der zweitägigen Verhandlung gab es keine wesentlich neuen Erkenntnisse. Die bayerische Justizministerin Mathilde Berghofer-Weichner und CSU-Landesgruppenchef Wolfgang Bötsch betonten, daß das Grundrecht auf Leben in jeder Phase geschützt werden müsse. Bötsch verwies darauf, daß die „Fristenregelung" dem Verfassungsgerichtsurteil von 1975 widerspreche. Dagegen meinte die SPD-Abgeordnete Herta Däubler-Gmelin, daß Ziel des neuen Gesetzes der Schutz des ungeborenen Lebens sei. SPD-Chef Björn Engholm sagte, daß das Gericht durch eine Aufhebung des Gesetzes das Vertrauen in das Parlament zerstören könne. Es stehe die Reputation der Rechtsprechung und des politischen Systems auf dem Spiel.
Eigentümlich war die Argumentation des Bevollmächtigten des Deutschen Bundestages, Professor Erhard Denninger, der die Mehrheit der Abgeordneten vertrat: Er sprach dem ungeborenen Kind nur eine „potentielle Menschenwürde" zu. Außerdem müsse zwischen dem Tötungsverbot und dem Austragungsgebot unterschieden werden. Professor Hassemer argumentierte, ein symbolisches Strafrecht wirke nicht präventiv. Deshalb sei es unverhältnismäßig und verstoße gegen die Menschenwürde.
Vor Gericht erwies sich, daß keineswegs einseitige Stellungnahmen erfolgten. Selbst Aussagen, die jeder medizinischen Erkenntnis widersprachen, wurden gehört. Kernpunkte der Befragung durch die Richter waren die Aussage im Gesetz, daß eine Abtreibung in den ersten zwölf Wochen „nicht rechtswidrig" sein soll, und die Beratung. Zu beiden Bereichen wurden die aus der öffentlichen Debatte hinlänglich bekannten Argumente vorgetragen.
Aufgrund der Verhandlung ließen sich keine Voraussagen über das Urteil machen. Dennoch waren sich die Beobachter darin einig, daß das Gericht das Gesetz in der vorliegenden Form nicht billigen, zugleich aber die „Fristenlösung" nicht völlig verwerfen werde.
Diese Voraussage bewahrheitete sich, als das Bundesverfas-

sungsgericht am Morgen des 28. Mai 1993 sein Urteil verkündete. Die sieben Richter und die eine Richterin erklärten zwar zunächst den im Gesetz neugefaßten § 218a Abs. 1 für nichtig, weil er eine Abtreibung nach Pflichtberatung in den ersten zwölf Wochen der Schwangerschaft für „nicht rechtswidrig" erklärte. Dies sei nicht mit Artikel 1 Abs. 1 und Artikel 2 Abs. 2 des Grundgesetzes (Unantastbarkeit der Menschenwürde und Recht auf Leben) vereinbar. Dennoch ging der Zweite Senat des Verfassungsgerichtes davon aus, daß der Gesetzgeber zum Schutz des ungeborenen Lebens ein Regelungskonzept wählen könne, das in der Frühphase einer Schwangerschaft vor allem auf Beratung und Hilfe für die Frau in ihrem Schwangerschaftskonflikt setze. Deshalb könne der Staat, um die Frau für das Austragen des Kindes zu gewinnen und um der Offenheit und Wirksamkeit der Beratung willen, von einer Strafandrohung für den nach Beratung der Frau vorgenommenen Schwangerschaftsabbruch absehen.

Worauf die Richter konkret hinauswollten, machte die Übergangsregelung deutlich, die das Gericht mit Wirkung ab dem 16. Juni 1993 anstelle des zweigeteilten Rechts in Deutschland setzte. Nach diesen Bestimmungen, die Gesetzeskraft haben sollen, bis der Bundestag ein neues Gesetz verabschiedet, wird eine Abtreibung nicht bestraft, wenn sie innerhalb von zwölf Wochen nach der Empfängnis durch einen Arzt vorgenommen wird, die Schwangere die Abtreibung verlangt und sie dem Arzt durch eine Bescheinigung nachgewiesen hat, daß sie sich mindestens drei Tage vor dem Eingriff von einer anerkannten Beratungsstelle hat beraten lassen. Über die Art der Beratung machte der Senat umfangreiche Aussagen. Ein Kernpunkt war, daß die Beratung eindeutig auf den Schutz des ungeborenen Lebens hin ausgerichtet sein müsse.

Weiterhin verfügte das Gericht, daß in Fällen der kriminologischen, der medizinischen und der eugenischen Indikation die Krankenkassen weiterhin die Abtreibung bezahlen dürfen. Bei allen anderen straffreien Abtreibungen untersagten die Richter die Kassenfinanzierung. Für finanziell schlecht gestellte Frauen sowie für nicht krankenversicherte wurde jedoch ein Anspruch auf Sozialhilfe festgelegt.

Positiv ist an dem Urteil zunächst, daß das Gericht die Abtreibung weiterhin als rechtswidrigen Tatbestand einstuft. In seinen Grundsätzen folgte der Zweite Senat im wesentlichen dem Urteil vom 25. Februar 1975. So heißt es im ersten Leitsatz: „Das Grundgesetz verpflichtet den Staat, menschliches Leben, auch das ungeborene, zu schützen. Diese Schutzpflicht hat ihren Grund in Artikel 1 Absatz 1 Grundgesetz."

Und weiter schreibt das Gericht: „Die Rechtsordnung muß die rechtlichen Voraussetzungen ihrer Entfaltung [der Menschenwürde; Anm. d. Autors] im Sinne eines eigenen Lebensrechts des Ungeborenen gewährleisten." Wie schon 1975 stellt das Gericht auch 1993 fest: „Rechtlicher Schutz gebührt dem Ungeborenen auch gegenüber der Mutter." Im Leitsatz 6 schreiben die Richter: Der Staat „muß zur Erfüllung seiner Schutzpflicht ausreichende Maßnahmen normativer und tatsächlicher Art ergreifen, die dazu führen, daß ein – unter Berücksichtigung entgegenstehender Rechtsgüter – angemessener und als solcher wirksamer Schutz erreicht wird (Untermaßverbot). Dazu bedarf es eines Schutzkonzepts, das Elemente des präventiven wie des repressiven Schutzes miteinander verbindet."

Das Gericht stufte auch die im neuen Gesetz im § 219 genannten Regelungen für die Beratung als verfassungswidrig ein. Im Gegensatz zur Mehrheit des Parlamentes kam die Mehrheit der Richter zur Auffassung, daß nicht die eigenverantwortliche Entscheidung der Frau, sondern das Lebensrecht des Kindes und der Schutz des ungeborenen Lebens vorrangiges Ziel der Beratung sein müßten. Ein weiterer Kernpunkt der Richtlinien für die Beratung ist, daß der beratende Arzt und der abtreibende nicht derselben Organisation angehören dürfen. Dies ist ein eindeutiges Votum gegen das von „pro familia" praktizierte Konzept der Beratung und Abtreibung unter einem Dach.

Das Verfassungsgericht fordert weiter, daß gesetzlich festgelegte Anforderungen an die Fähigkeiten von Beraterinnen und Beratern geschaffen werden. Darüber hinaus müsse die Tätigkeit der Beratungsstellen einer staatlichen Überwachung unterliegen. Schließlich soll auch der Arzt, der die Abtreibung durchführt, in das Lebensschutzkonzept einbezogen werden. Denn der Arzt schulde der Frau nicht nur Rat und Hilfe, wenn es um

gesundheitliche Beeinträchtigungen bei der Abtreibung gehe, sondern auch, um das ungeborene Kind zu schützen.
Die positiven Leitsätze des Gerichtes zum grundsätzlichen Schutz des ungeborenen Lebens entsprechen den Ausführungen des Verfassungsgerichtes vom 25. Februar 1975. Zur Beratung machten die Richter weitgehende Angaben, die mit den Vorstellungen katholischer Beratungsstellen übereinstimmen. Schließlich wurde mit der Abschaffung der Krankenkassenfinanzierung eine wesentliche Forderung von Abtreibungsgegnern erfüllt.
Und dennoch: Das Urteil vom 28. Mai 1993 wurde ein Schlag gegen den Schutz des ungeborenen Lebens, denn das Gericht konterkarierte seine positiven und grundsätzlichen Ausführungen selbst. Trotz Übereinstimmung im grundsätzlichen Bereich wichen die Verfassungsrichter in ihren weitergehenden Ausführungen erheblich vom Urteil von 1975 ab.
So schrieb das Gericht im Leitsatz 11, dem Gesetzgeber sei es nicht verwehrt, zu einem Konzept zum Schutz des ungeborenen Lebens zu kommen, das den Schwerpunkt auf die Beratung der Frau lege. Dabei könne der Staat auch „auf eine indikationsbestimmte Strafdrohung und die Feststellung von Indikationstatbeständen durch einen Dritten" verzichten. Im Klartext bedeutet das, daß eine „Fristenregelung", die auf Beratung abhebt, mit dem Grundgesetz zu vereinbaren sei. Auch wenn kein Rechtfertigungsgrund für eine Abtreibung geschaffen werde, so meinten die Richter, könne sich eine Frau „rechtswirksam" an einen Arzt wenden und straflos den Abbruch vornehmen lassen. Die „Normierung" einer schweren allgemeinen Notlage und deren Feststellung seien bei einem solchen Konzept ausgeschlossen.
1975 hatte das Verfassungsgericht dagegen noch festgestellt, daß eine formale gesetzliche Mißbilligung der Abtreibung den Anforderungen der Verfassung nicht genüge. Denn darüber werde sich die zur Abtreibung entschlossene Frau hinwegsetzen. Darüber hinaus hatte das Gericht in seinem früheren Urteil festgestellt, daß zunächst nur die Gefahr für Leib und Leben und die Gefahr einer schwerwiegenden Beeinträchtigung des Gesundheitszustandes der Schwangeren die Fortsetzung der Schwan-

gerschaft unzumutbar machten. Dann stehe es dem Gesetzgeber frei, andere außergewöhnliche Belastungen festzulegen, „die ähnlich schwer wiegen". Auch in diesen Fällen sei es möglich, „den Schwangerschaftsabbruch straffrei zu lassen".
Die Verfassung hat sich innerhalb von 18 Jahren nicht geändert, aber deren Auslegung durch das höchste deutsche Gericht änderte sich fundamental. War früher der Schutz des Lebens geboten und nur eine Indikationenregelung möglich, so soll heute eine „Fristenlösung" mit der Verfassung in Einklang zu bringen sein. Die sieben Richter und die eine Richterin setzten sogar die „Fristenregelung" selbst in der schon genannten Übergangslösung ein. Ein Vergleich dieses Übergangsgesetzes mit dem Gruppenantrag vor dem Hintergrund von dessen Entstehungsgeschichte läßt einiges deutlich werden.
Das vom Verfassungsgericht formulierte Gesetz lautet: „Ein Schwangerschaftsabbruch wird nicht bestraft, wenn er innerhalb von zwölf Wochen nach der Empfängnis durch einen Arzt vorgenommen wird, die schwangere Frau ihn verlangt und dem Arzt durch eine Bescheinigung nachgewiesen hat, daß sie sich mindestens drei Tage vor dem Eingriff von einer anerkannten Beratungsstelle hat beraten lassen." Dies entspricht bis auf drei Worte dem § 218a Abs. 1, den das Gericht mit seinem Urteil außer Kraft setzte. Nach der Nichtigkeitserklärung ersetzten die Richter die Worte „ist nicht rechtswidrig" lediglich durch die Worte „wird nicht bestraft". Damit war offensichtlich der formalen Verurteilung der Abtreibung Genüge getan. In der Sache ändert dies wenig: Das Verlangen der Frau und die Beratung sind einzige Voraussetzungen für eine straffreie Abtreibung. Und mag es in den Leitsätzen des Urteils auch anders formuliert sein, so hat tatsächlich das Selbstbestimmungsrecht der Frau Vorrang vor dem Lebensrecht des Kindes. Einzig die Abschaffung der Krankenkassenfinanzierung dieser Abtreibung ist ein schwacher Trost.
Wie stark der Einbruch in das Lebensrecht des Kindes durch das Urteil vom Mai 1993 ist, machen einige andere Bestimmungen deutlich, die in der Öffentlichkeit bisher nur wenig Beachtung fanden. So muß der Staat dafür sorgen, „daß keine Frau an der Inanspruchnahme eines Arztes für den von ihr verlangten

Abbruch gehindert sei, weil sie nicht über die dazu erforderlichen Mittel verfüge", hieß es in der offiziellen Pressemitteilung des Gerichtes. Dies bedeutet nichts anderes, daß es einen Anspruch auf Abtreibung gibt, dessen Erfüllung der Staat gewährleisten muß. Die Gewährung der Lohnfortzahlung bei Arbeitsausfall durch eine Abtreibung, wie sie das Verfassungsgericht festschreibt, verpflichtet Arbeitgeber indirekt, eine Abtreibung zu unterstützen.

Besonders gravierend sind die Aussagen der Karlsruher Richter zu den Indikationen, die zusätzlich zu der „Fristenregelung" eingeführt werden müssen. Abtreibung aufgrund einer medizinischen, embryopathischen oder kriminologischen Indikation bezeichnet das Gericht als „nicht rechtswidrig". Damit soll sichergestellt werden, daß Abtreibungen aufgrund dieser Indikationen von den Krankenkassen bezahlt werden. Während dies bei der medizinischen Indikation (Gefahr für Leib und Leben der Mutter) nachzuvollziehen ist, birgt diese Regelung bei der embryopathischen Indikation (Behinderung des Kindes) unabsehbare Gefahren. Die Einstufung der Tötung eines behinderten ungeborenen Kindes als „nicht rechtswidrig" heißt im Klartext: Ein ungeborenes behindertes Kind steht nicht mehr unter dem Schutz der Verfassung. Es besitzt weder Menschenwürde noch ein Recht auf Leben. Seine Tötung ist – im Umkehrschluß zu „nicht rechtswidrig" – nach Auffassung des Verfassungsgerichtes rechtmäßig. Welche Folgen kann und wird dieses Urteil für alle behinderten Menschen haben? Öffnet diese Passage des Urteils die Tür für ein Gesetz über aktive Sterbehilfe oder gar ein Euthanasiegesetz? Die allgemeine gesellschaftliche Ächtung von Behinderung und Krankheit hat offenbar vor dem Verfassungsgericht nicht haltgemacht.

Das Urteil des Verfassungsgerichtes ist kein juristisches, sondern ein politisches gewesen. Juristisch gesehen hätte das Gericht aufgrund der Verfassung und seiner selbst formulierten ersten sechs Leitsätze zur gleichen Entscheidung wie 1975 kommen müssen. Die Verfassung wie die Leitsätze hatten sich schließlich nicht geändert. Bei der konkreten Ausgestaltung des Urteils versuchten die Richter offensichtlich den Kompromiß zwischen dem, was die Befürworter(innen) der „Fristenregelung", und dem, was deren Gegner wollten. Die einen bekamen folglich grünes Licht für die „Fristenlösung", den anderen wurde die Forderung nach besserer Beratung und Abschaffung der Krankenkassenfinanzierung erfüllt. Daß ein solcher Kompromiß Ungereimtheiten enthalten muß, liegt auf der Hand.

So sind die Aussagen des Gerichtes über die Finanzierung von Abtreibungen in sich nicht schlüssig. Einerseits wird zwar die Kassenfinanzierung abgeschafft, weil das Grundgesetz den Anspruch auf Leistungen der gesetzlichen Sozialversicherungen bei rechtswidrigen – aber straffreien – Abtreibungen nicht zulasse. Andererseits wird der Staat verpflichtet, bei den Frauen, die nicht über genügend finanzielle Mittel verfügen, die Tötung des ungeborenen Kindes über die Gewährung von Sozialhilfe aktiv zu fördern.

Nicht schlüssig ist auch, daß es im Urteil einerseits heißt, rechtlicher Schutz gebühre dem Ungeborenen auch gegenüber seiner Mutter, daß die Frau aber andererseits rechtsverbindlich eine Abtreibung verlangen kann.

Trotz der weitreichenden Zugeständnisse des Verfassungsgerichtes an die Befürworter(innen) der „Fristenlösung" ließen diese gleich nach der Urteilsverkündung einen Aufschrei der Empörung los. Von einem unerhörten Vorgang sprach die brandenburgische Sozialministerin Regine Hildebrandt. Gegen dieses Urteil müßten sich die Frauen zur Wehr setzen, giftete sie in die Mikrofone der Journalisten. Ihre Gesinnungsgenossinnen argumentierten ähnlich. Zeitungskommentatoren sprachen von einem „Männerurteil" und kritisierten das Gericht. Hatten sie alle das Urteil nicht gelesen? Oder waren sie durch die Abschaffung der Krankenkassenfinanzierung so am Nerv getroffen, daß sie die Billigung der „Fristenlösung" durch das Gericht gar nicht wahrnahmen?

Einige wenige Politiker(innen) hatten schnell verstanden, was das Urteil tatsächlich bedeutete. So sagte die Vorsitzende der Querschnittsgruppe Gleichstellung von Frau und Mann der SPD-Bundestagsfraktion, Ulla Schmidt, in einem Zeitungsinterview (Westfalenpost, 29. 5. 1993): „ Ein Schwangerschaftsabbruch in den ersten drei Monaten nach der Empfängnis ist nach entsprechender Beratung straffrei. Die letzte Entscheidung liegt bei der Frau." Und weiter betonte sie entgegen vielen feministischen Aussagen: „Eine Zweiklassenrecht wurde vermieden. Der Sozialstaat läßt Frauen nicht im Stich, die sich einen Schwangerschaftsabbruch aus eigenen Mitteln nicht leisten können." Mit diesen Ausführungen hatte Ulla Schmidt leider recht. Und sie dürfte mit einer anderen Feststellung ebenfalls recht behalten: „Viele Schwangere werden die Beratung wahrscheinlich als lästige Pflicht über sich ergehen lassen."

So wird der 28. Mai 1993 als schwarzer Freitag für die ungeborenen Kinder in die Geschichte Deutschlands eingehen. Denn – um es in aller Schärfe zu formulieren – an diesem Tag ließ das Bundesverfassungsgericht letztlich die Abtreibung als ein „Mittel der Empfängnisverhütung", wie Augstein es genannt hatte, zu. Auch wenn es auf dem Papier etwas anders steht: In der Praxis wird der Abtreibungsalltag so aussehen, weil – nach erfolgter Beratung – das Verlangen der Frau einziger Grund für eine straffreie Abtreibung ist. So ist – zynisch gesagt – die Entscheidung des Gerichts, daß die Frau die Abtreibung selbst bezahlen muß, doch wieder folgerichtig. Denn selbst bezahlen müssen Frauen andere empfängnisverhütende Mittel auch.

Die eigenartige Koalition aus SPD, FDP, Bündnis 90 / Grüne, PDS und Teilen der CDU hat in entscheidenden Punkten Unterstützung durch das Verfassungsgericht erhalten. Mit den Worten „Der Staat tötet" hat Professor Isensee die Finanzierung der Abtreibung durch die Krankenkassen nach dem alten § 218 kommentiert. Der Kommentar nach dem Urteil des Bundesverfassungsgerichts muß nun lauten: „Der Staat läßt töten." Der Staat hat den ungeborenen Kindern jeglichen rechtlichen Schutz genommen. Die grundsätzliche Einstufung der Abtreibung als „rechtswidrig" ist nicht das Papier wert, auf dem sie geschrieben steht, wenn weitergehende rechtliche Normen fehlen. Und eben diese Normen gibt es jetzt nicht mehr.

Der 28. Mai 1993 ist somit nicht nur ein schwarzer Freitag für die ungeborenen Kinder, sondern auch für alle Christen, die einen umfassenden – auch rechtlichen – Schutz des ungeborenen Lebens immer gefordert haben.

II. Defizite bei der Vermittlung christlicher Positionen

1. Der Wert des Lebens

Vor dem Hintergrund des Verlustes christlicher Werte in Staat und Gesellschaft muß gesehen werden, daß es in der politischen und gesellschaftlichen Auseinandersetzung um die Abtreibung nicht gelungen ist, die entscheidenden Werte zu vermitteln. In der Kollision zwischen persönlichem Interesse und Erwartungen einerseits sowie Grundwerten andererseits ist es – je vehementer die Debatte geführt wurde – zu einer Verschiebung des Meinungsbildes in der Bevölkerung gekommen.
Nachdem sich die Diskussion um die Abtreibung nach Verabschiedung der Indikationenregelung im Bundestag am 18. Mai 1976 beruhigt hatte, wuchs die positive Einstellung zum ungeborenen Leben. Vor allem im Laufe der 80er Jahre war ein deutlicher Meinungsumschwung zu erkennen. Laut Umfragen sank der Anteil derer, die eine „Fristenregelung" bei der Abtreibung befürworteten, auf 20 % der Bevölkerung in der Bundesrepublik Deutschland. Vor allem bei Frauen und jungen Menschen machte sich die positive Einstellung zum ungeborenen Kind bemerkbar.
Noch kurz nach der deutschen Einigung gab es trotz der schon begonnenen Debatte um die Abtreibung eine deutliche Mehrheit in ganz Deutschland gegen die „Fristenregelung". Im Gebiet der ehemaligen Bundesrepublik befürworteten nach einer Untersuchung des Demoskopischen Institutes Allensbach 47 % die bestehende Indikationsregelung. 18 % sprachen sich für eine engere Indikationsregelung aus. Für die „Fristenregelung" waren 27 %. Erstaunlicherweise befürworteten auch in den neuen Bundesländern die Hälfte der Bürgerinnen und Bürger eine Indikationsregelung, während 45 % die dort geltende „Fristenlösung" beibehalten wollten. Vor allem unter den Frauen war die Mehrheit gegen die „Fristenlösung" groß. Das Meinungsbild in der ehemaligen DDR war nicht zuletzt auf eine allgemeine Ablehnung der Gesetze des SED-Regimes zurückzuführen.

Es zeigte sich aber schon, daß die lautstarke Diskussion um die Abtreibung am Rande der deutschen Einigung sich ungünstig auf den Schutz des ungeborenen Lebens auswirkte. Der positive Trend der 80er Jahre war nicht nur zum Stillstand gekommen, sondern es war schon ein leichter Umschwung zu erkennen. Für die weitere Entwicklung ungünstig war auch, daß die Meinungen zur Abtreibung nicht gefestigt waren. Wenn etwa in Umfragen die hohe Zahl der Abtreibungen genannt wurde, wuchs die Zahl der Gegner einer „Fristenlösung". Bei der persönlichen Entscheidung, ob die Frau, die Tochter, die Enkelin unter bestimmten Umständen ein „ungewolltes Kind" abtreiben lassen können sollte, neigte sich die Waagschale eher in Richtung Abtreibung.

Die Untersuchungen machen die Kluft zwischen allgemeinen Aussagen zu Werten einerseits und Entscheidungen bei persönlicher Betroffenheit andererseits deutlich. Die Abstraktheit christlicher Werte und Normen für die Mehrheit der Bevölkerung läßt sich an dieser Entwicklung ablesen. Vor diesem Meinungsbild ist es nicht einmal erstaunlich, daß die Vermittlung des Wertes des ungeborenen Lebens nicht gelang.

Alle Erkenntnisse der Medizin, der Embryologie und der Biologie kamen in der Abtreibungsdiskussion kaum zur Geltung. Wissenschaftlich war schon im 17. Jahrhundert durch William Harvey bewiesen worden, „daß das ungeborene Kind einen eigenen Blutkreislauf hat und insofern ein von der Mutter getrenntes eigenes Leben führt" (vgl. Michael Gante, Der Schutz ...).

Diese Erkenntnis erlitt im 19. Jahrhundert durch das Biogenetische Grundgesetz von Ernst Haeckel einen Rückschlag. Haeckel vertrat die Auffassung, daß sich die Stammesgeschichte des Menschen in gedrängter Form im Mutterleib abspielt. Diese Hypothese ist heute von der Wissenschaft eindeutig widerlegt. Spätestens seit der Geburt des ersten Retortenbabys ist bewiesen, daß ein eigenständiges menschliches Leben vom Zeitpunkt der Befruchtung an vorhanden ist. Der französische Medizin-Professor Jérôme Lejeune schreibt: „Zu akzeptieren, daß ein neues Lebewesen existiert, sobald eine Befruchtung stattgefunden hat, ist keine Auffassungs- oder Geschmackssache mehr.

Die menschliche Natur des Menschen, von der Empfängnis bis ins hohe Alter, ist keine metaphysische Behauptung, sondern eine experimentell erwiesene Tatsache." (J. Lejeune, in Hoffacker u. a., Auf Leben und Tod). Der Gesetzgeber trug dieser Erkenntnis im sogenannten Embryonenschutzgesetz Rechnung, indem er die künstlich gezeugten Kinder vom Zeitpunkt der Befruchtung an unter einen weitgehenden gesetzlichen Schutz stellte. In der Kollision der Interessen der Wissenschaft auf der einen und des ungeborenen Kindes auf der anderen Seite entschied der Staat eindeutig und richtigerweise zugunsten des Kindes. Vor allem linke Gruppen wie auch die SPD drängten auf eine Verschärfung des Embryonenschutzgesetzes. Die alternative „tageszeitung" kritisierte das Gesetz einen Tag vor dessen Verabschiedung am 23. 10. 1990 unter der Überschrift „Einfallstor für die Eugenik". Die „taz" schrieb, daß das Gesetz „jede Menge Schlupflöcher für die Wissenschaft öffnet". Durch dieses Gesetz könnten vor allem Behinderte „künftig noch weiter diskriminiert" werden. Solche Argumente zählten später bei der zugegeben schwieriger zu lösenden Interessenkollision zwischen ungeborenem Kind und Mutter nicht mehr. Vor allem die eugenische Indikation, d. h. die Freigabe der Abtreibung behinderter Kinder bis zur 22. Woche der Schwangerschaft, war völlig unstrittig.

In der kurz nach der Verabschiedung des Embryonenschutzgesetzes heftiger werdenden Auseinandersetzung um die Abtreibung zerbrach der ethisch-moralische Grundkonsens in Staat und Gesellschaft über das Lebensrecht ungeborener Kinder. Vor dem Hintergrund des gesamtgesellschaftlichen Meinungsklimas, in dem persönliches Glück in den Vordergrund gestellt wurde und wird, ließ sich der Wert ungeborenen menschlichen Lebens nicht mehr vermitteln. Die Aufweichung des Grundkonsenses erfolgte vor allem durch Gesichtspunkte, die als „persönliche Betroffenheit" bezeichnet werden können. Dazu zählen unter anderem, daß Frauen ihr Selbstbestimmungsrecht höher werten als das Lebensrecht des Kindes; daß eine mögliche Behinderung des Kindes für unzumutbar gehalten wird; daß die „Lebensqualität" nicht beeinträchtigt werden soll; daß Ausbildung und Zukunft der Frau oder Tochter nicht gefährdet wer-

den sollen. Die Möglichkeit persönlicher Betroffenheit führt dazu, daß auch unter Christen die grundsätzliche Ablehnung von Abtreibungen aufgegeben wird.
Wichtig für das Scheitern der Vermittlung des Wertes menschlichen Lebens war die Sprachverwirrung, die gezielt gestiftet wurde. Das ungeborene Kind im Mutterleib wurde bezeichnet als „werdendes Leben“ (Gesetzentwürfe der FDP und der SPD) oder auch als „vorgeburtlich wachsendes Leben“ (SPD-Entwurf). Die SPD-Abgeordnete Ingrid Becker-Inglau argumentierte einmal, zwischen dem „werdenden Leben“ bis zur 12. Schwangerschaftswoche und dem übrigen menschlichen Leben gebe es einen qualitativen Unterschied. Bis zur 12. Schwangerschaftswoche sei kein Kind vorhanden, folglich sei Abtreibung auch nicht Tötung. Solch widersinnige Argumentation schlägt sich in den Gesetzen nieder. Abtreibung wird als „Schwangerschaftsabbruch“ oder gar „Schwangerschaftsunterbrechung“ bezeichnet. Bis auf engagierte Christen nennt niemand die Tötung ungeborener Kinder beim Namen. Als es um die Einführung der Abtreibungspille ging, wurde von der „schonendsten Methode zum Schwangerschaftsabbruch“ geredet.
Christen taten sich dagegen schwer, diese verschleiernde Sprache auf breiter Front zu entlarven. Waren die Argumente für den Erhalt menschlichen Lebens seit Jahrzehnten die gleichen geblieben, so blieb auch die Sprache der für den Schutz des Lebens engagierten Christen die gleiche. Diese Sprache jedoch wird von der entchristlichten Gesellschaft nicht mehr verstanden. Der Vergleich zwischen den Erklärungen christlicher Kirchen und Organisationen während der Abtreibungsdebatte zu Beginn der 70er Jahre und den Verlautbarungen Ende der 80er Jahre zeigt, daß sich sprachlich bei den Gegnern der „Fristenlösung“ nicht viel verändert hat.
Die Befürworter der „Fristenregelung“ dagegen betrieben eine aggressive Politik. Sie drängten Christen, vor allem katholische Christen, in die Defensive. Ein Argument hieß, daß es sich beim Schutz des ungeborenen Lebens um eine „katholische Sonderposition“ handele. Die Behauptung, die katholische Kirche, die ohnehin auf dem Weg zur Minderheit sei, wolle diese Sonderposition dem Rest der Bevölkerung aufzwingen, verfehlte ange-

sichts des sich verstärkenden kirchenfeindlichen Klimas ihre Wirkung nicht. Katholische Christen mußten mit der Zeit sehen, daß sie tatsächlich fast alleine standen, wenn es um den rechtlichen Schutz des ungeborenen Kindes ging.
Dabei entsprach diese Behauptung nicht den Tatsachen. Zumindest noch 1975, als das Bundesverfassungsgericht sein Urteil zur damaligen „Fristenlösung“ fällte, war der rechtliche Schutz des ungeborenen Lebens auch eine staatliche Position in der Bundesrepublik Deutschland. Die Verfassungsrichter stellten, wie schon erläutert, das ungeborene Kind unter den Schutz des Grundgesetzes. Das Bundesjustizministerium, damals geführt vom SPD-Politiker Hans-Jochen Vogel, stellte in einer Auswertung des Urteils am 9. April 1975 fest: „Eine bloß formale gesetzliche Mißbilligung genügt nicht, auch nicht die theoretische Verlautbarung, das Verhalten werde toleriert, aber nicht gebilligt. Die Mißbilligung muß vielmehr durch eine erkennbare rechtliche Sanktion zum Ausdruck kommen.“ Das Ministerium kommt zu dem Schluß, daß ein Gesetz, das sich auf Beratung und Hilfe verlasse, nicht ausreicht. Wörtlich heißt es dann wieder: „Denn es gehört zum Wesen der Beratungslösung, daß die letzte Entscheidung bei der Frau liegt, daß ihr also der Eingriff, wenn sie nach Beratung auf ihm besteht, nicht verwehrt wird. Einen solchen Verzicht auf eine den Eingriff verhindernde Sanktion läßt das Urteil nicht zu.“ Rund 15 Jahre später war es nicht zuletzt die SPD, die solche Worte als „katholische Sonderposition“ abtat. Auch das Verfassungsgericht folgte dieser Aussage nicht mehr.
Nicht durchgreifend zu vermitteln war auch die Gefahr, daß ein Einbruch beim Schutz des ungeborenen Lebens andere Einschränkungen – etwa beim Schutz des behinderten, des kranken oder alten Lebens – nach sich ziehen kann und wird. Selbst die fast gleichzeitig mit der Abtreibungsdiskussion beginnende Auseinandersetzung um die Euthanasie ließ die Bevölkerung nicht hellhörig werden. Es war kein Zufall, daß ausgerechnet zu einem Zeitpunkt, als sich eine Schwächung des Schutzes des ungeborenen Lebens abzeichnete, die Thesen des australischen Philosophen Peter Singer in einigen Medien und – vor allem – an den Universitäten die Runde machten. Singer vertritt die

Auffassung, daß ein neugeborenes Kind noch keine Person sei. Deshalb könne man behinderte Kinder töten. Die „Zeit" gab als erste deutsche Zeitung diesen Thesen breiten Raum. An einigen Universitäten fanden sich Professoren, die sich als Anhänger Singers zu erkennen gaben. Zwar gab es gegen solcherart Seminare an den Hochschulen Proteste, vor allem von Behinderten und Kirchen, aber der Staat schritt nicht ein. Unter dem Deckmantel der Freiheit der Wissenschaft werden Singers Mord-Thesen heute noch verbreitet.

Es ließ sich jedoch in der aufgeheizten Stimmung kaum vermitteln, daß es in Deutschland nicht nur um die Abtreibung geht, sondern letztlich um das Lebensrecht eines jeden einzelnen. Jeder kann in die Situation kommen, daß er alt, krank oder behindert wird. Der jetzige Einschnitt in das grundgesetzlich garantierte Lebensrecht wird weitere nach sich ziehen. In Holland, wo die Abtreibung schon früher freigegeben wurde, ist aktive Sterbehilfe an der Tagesordnung. Ein Gesetz, das Sterbehilfe zuläßt, wurde vom Parlament verabschiedet. Es wird nur noch eine Frage der Zeit sein, bis in Deutschland die aktive Sterbehilfe erlaubt wird. Auch in diesem Bereich gibt es genügend aggressive Gruppen, die öffentlich Stimmung für eine solche Regelung machen.

Das für Christen wichtigste Argument gegen die Tötung jeden menschlichen Lebens schließlich kam in der breiten Öffentlichkeit überhaupt nicht zur Geltung: das Gebot Gottes „Du sollst nicht töten". Gott als Schöpfer der Menschen und damit als Herr über alles Leben ist für viele Menschen kein Begriff mehr. Wie sollte auch eine atheistische Gesellschaft im Osten Deutschlands und eine entchristlichte im Westen diese stärkste Begründung der Christen für den Erhalt jeden Lebens akzeptieren? Wo sich zunehmend eine „Macher-Mentalität" breitmacht, wo Menschen glauben, sie könnten alles machen, muß sich die Auffassung durchsetzen, die Menschen könnten alles wieder „wegmachen". (Ein Kind „wegmachen" ist folglich für die Abtreibung ein durchaus gängiger Begriff.)

Das Kind als Geschenk Gottes, das Gott „gewoben im Schoß meiner Mutter", wie es im Psalm 139 heißt; der Mensch, den Gott „nach seinem Ebenbild" (Gen 1,26-27) geschaffen hat; das

alles sind in der entchristlichten Gesellschaft in der Tat christliche Sonderpositionen geworden. Die tiefste Ursache für den Verlust der Achtung menschlichen Lebens ist die Mißachtung Gottes. Wenn Gott nicht mehr von den Menschen akzeptiert wird, dann ist die Chance vertan, daß der Mensch als sein Geschöpf angesehen wird.
Die genannten Gründe sind für die Niederlage der Christen in der Abtreibungsfrage mit entscheidend gewesen. Der Einsatz, besonders der katholischen Christen, für den Schutz des ungeborenen Kindes, der über Jahre hinweg zu verfolgen ist, hatte nicht die nötige Wirkung. Die Stellungnahmen von Christen, Laien wie Priestern, sind kaum zu zählen. Die Erklärungen während der Auseinandersetzung zu Beginn der 70er Jahre sind in einem 450 Seiten starken Buch veröffentlicht worden (Karl Panzer, Schwangerschaftsabbruch). Jetzt ließe sich ein noch dickeres Werk erstellen.
Die Kontinuität des Einsatzes für das Leben auch zur Zeit der Indikationslösung macht eine Dokumentation des Bistums Essen beispielhaft deutlich. Herausragende Ereignisse waren zwei Schweigemärsche: am 11. April 1979 mit 4000 Teilnehmern und am 30. März 1981 mit 20 000 Teilnehmern. Die Gründung der Aktion „Für das Leben" 1979, drei familienpolitische Fachkonferenzen und zahlreiche Erklärungen vervollständigen die Übersicht. Ähnliche Bilanzen können andere Diözesen vorlegen. Dennoch: Die Schlußbilanz fällt nicht positiv aus. Politisch haben die engagierten Christen ebenso eine Niederlage erlitten wie im gesellschaftlichen Stimmungsbild. Kurz vor Verabschiedung der „Fristenlösung" im Bundestag sprachen sich drei Viertel der Deutschen für die Freigabe der Abtreibung in den ersten drei Monaten der Schwangerschaft aus.
Dies ist mit den Schwierigkeiten, die objektiv für von Christen vorgetragene Argumente vorhanden waren, zu erklären. Die Art, wie die Auseinandersetzung von katholischen Christen geführt wurde, bedarf jedoch der weiteren Analyse. So haben katholische Christen zu wenig aggressiv gewirkt. Die Möglichkeit von Großdemonstrationen wurde nicht ernsthaft erwogen. Einerseits gab es Ängste vor „falschen" Bündnispartnern, ande-

rerseits die Furcht, nicht genügend Teilnehmer zu einem solchen Protest bewegen zu können.
Allzusehr haben Katholiken darauf vertraut, daß die CDU/CSU die Lage im Griff haben werde. Zu wenig wurde das politische Gespräch mit Abgeordneten gesucht, wie es der Essener Kardinal Franz Hengsbach noch kurz vor seinem Tod sowie einige andere Bischöfe getan haben. Insgesamt sind die Christen zu blauäugig gewesen. Während die Befürworter des Gruppenantrages Koalitionspartner suchten, wo sie sie bekommen konnten, erwiesen sich Christen als sehr wählerisch bei ihren Bündnispartnern. Spektakuläre Aktionen, wie etwa ein Fasten für das Leben während der Fastenzeit, waren überhaupt kein Thema. Die – auch nur vereinzelte – Hektik kurz vor der Verabschiedung des Gesetzes jedenfalls läßt die Vermutung aufkommen, daß ein Großteil der Christen erst richtig wach geworden ist, als die Entscheidung des Parlaments nicht mehr zu ändern war. Zum Schluß erwies sich auch das ins Verfassungsgericht gesetzte Vertrauen als großer Irrtum.

2. Die Stellung der Frau

Als der Gruppenantrag zur „Fristenlösung" im Bundestag verabschiedet worden war, wurde das neue Gesetz in Schlagzeilen als Erfolg der Frauen dargestellt. „Frauen entscheiden alleine über Abtreibung", hieß es. Damit wurde der Schlußpunkt unter eine Diskussion gesetzt, die sich monatelang um die Stellung der Frau gedreht hatte. Dabei hatten es die Befürworter der „Fristenregelung" mit ihren Schlagworten vom „Selbstbestimmungsrecht" der Frau und dem Recht der Frau auf die letzte Entscheidung einfach. Solche Parolen prägen sich ein und finden breite Unterstützung. Kaum jemand merkte, wie sehr die Debatte im Grunde gegen die Frau geführt wurde.
Wie neben den ungeborenen Kindern auch die Frauen in der Auseinandersetzung mißachtet wurden, belegen die von der PDS und vom Bündnis 90/Grüne eingebrachten Gesetzentwürfe. Beim Bündnis 90 hieß es lapidar: „Die §§ 218 bis 219 d

werden gestrichen." Damit sollten auch jene Teile des bislang in der Bundesrepublik geltenden Rechtes aufgegeben werden, die ausdrücklich dem Schutz der Frau dienten. Die Strafbestimmungen gegen einen Täter, der „gegen den Willen der Schwangeren handelt oder leichtfertig die Gefahr des Todes oder einer schweren Gesundheitsschädigung der Schwangeren verursacht" (§ 218 Abs. 2), wären aufgehoben worden. Solche frauenfeindlichen Forderungen fanden von anderer Seite Unterstützung. Die stellvertretende Vorsitzende des Deutschen Gewerkschaftsbundes, Ursula Engelen-Kefer, betonte bei der Anhörung des Sonderausschusses des Bundestages, der DGB verlange die völlige Streichung des § 218. Die PDS erkannte zwar das Problem, stufte es aber gering ein. In ihrem Gesetzentwurf wurde die Abtreibung ohne schriftliche Einwilligung der Frau oder außerhalb einer zugelassenen Einrichtung als Ordnungswidrigkeit bezeichnet. Es hatte den Anschein, als ob erst die simplen Parolen geprägt worden waren und dann die Gesetze diesen Schlagworten angepaßt wurden. Unter dem Deckmantel des „Selbstbestimmungsrechtes" der Frau wurde deren Schutz in Frage gestellt. Auch wenn die beiden Gesetzentwürfe nicht zum Zuge kamen, so ist der verabschiedete Gruppenantrag im Blick auf einen besseren Schutz der Frau ebenfalls bedenklich. Ein Vorschlag aus den Reihen der CDU/CSU, Nötigung zur Abtreibung unter Strafe zu stellen, findet sich im neuen Gesetz nicht wieder. Ein solcher Paragraph hätte gewiß in der Praxis nur geringe Auswirkung gehabt, aber für die Bewußtseinsbildung wäre er von großer Bedeutung gewesen.

Bis zu 80 % schätzen Beraterinnen die Fälle ein, in denen von außen auf die Frau Druck ausgeübt wird. Meist ist es der Partner, also der Vater des Kindes. Daß solcher Druck nicht im Interesse der Partnerschaft erfolgt, sondern im Interesse des Mannes, zeigen Untersuchungen der Allensbacher Demoskopin Renate Köcher. Demnach gehen fast 60 % der Beziehungen nach der Abtreibung in die Brüche. Umgekehrt hielten bei einer Entscheidung für das Kind zwei Drittel der Partnerschaften. Wie sehr es hier um ein Männer-Gesetz ging, belegt die Untersuchung der weiteren Entwicklung der Partnerschaften. „Bei der Mehrheit der Frauen, deren Partner sofort einen Schwangerschaftsabbruch forderte, hat sich die Beziehung verschlechtert, unabhängig davon, ob sich die Frau für einen Schwangerschaftsabbruch oder für das Kind entschied", schreibt Renate Köcher (vgl. R. Köcher, in Reiter/Keller, Herausforderung Schwangerschaftsabbruch, S. 206ff.). Das angeblich auf Selbstbestimmung der Frau ausgelegte Gesetz öffnet der weiteren Fremdbestimmung Tür und Tor. Der Philosoph Robert Spaemann nannte es einen „beispiellosen Zynismus", der Frau die Entscheidung über Leben und Tod zuzuschieben. „Natürlich werden auf diese Weise die Mitwelt, der Mann, die Familie, die Gesellschaft entlastet. Denn die Frau hat es ja ‚selbst zu verantworten', wenn sie das Kind zur Welt bringt, erst recht, wenn es ein behindertes Kind ist", schrieb Spaemann (FAZ, 27. Mai 1991). Daß es eben nicht um die Selbstbestimmung, sondern um die Fremdbestimmung der Frau ging, mochten die meisten Politikerinnen nicht einsehen. Sie schlugen verbal auf Kirche und weite Teile der CDU/CSU ein. Das „antiquierte mittelalterliche Frauenbild" der Union sei stark kirchlich-katholisch geprägt, meinte die FDP-Abgeordnete Uta Würfel im Mai 1991. Schon im Alten Testament sei das Weib die Ursache allen Übels gewesen. Moses habe Sexualität Sünde genannt, Paulus habe die Ehe nur „um der Brunst willen" akzeptiert. Die Auffassung, Frauen seien eine Fehlentwicklung der Natur, habe sich später bei großen Philosophen wie Friedrich Nietzsche fortgesetzt, erklärte die Politikerin, die später führend bei der Ausarbeitung des Gruppenantrages sein sollte.

„Diesen Meinungsbildungsprozeß muß man sich vor Augen halten, wenn im 20. Jahrhundert Frauen gezwungen werden sollen, Kinder zu bekommen", so Frau Würfel. Unterstützung fand die Liberale von einer CDU-Frau. Ministerin Angela Merkel unterstellte der Kirche, die Emanzipation der Frau wieder zurückdrehen zu wollen, wenn sie in der Abtreibungsfrage einen Erfolg erringe. Die Kirche klammere sich an den Erhalt des von der Wirklichkeit längst überholten Abtreibungsparagraphen, als ginge es um ein letztes Gefecht, den endgültigen moralischen Verfall der Gesellschaft zu verhindern.

Solche rüden Attacken fielen im allgemeinen anti-kirchlichen Klima auf fruchtbaren Boden. Dabei spielte es keine Rolle, daß

christliche Vorstellungen von Ehe, Familie und Sexualität verfälscht dargestellt wurden.
Ein häufig gehörtes Argument gegen die katholische Kirche war, daß der Papst die Empfängnisverhütung verbiete. Es wurde sogar behauptet, der Papst trage die Schuld am Hungertod Hunderttausender Kinder in der Dritten Welt. Die „verantwortliche Elternschaft", in der schon in der in diesem Zusammenhang häufig zitierten Enzyklika „Humanae vitae" die Rede ist, wurde und wird natürlich verschwiegen. „Im Hinblick schließlich auf die gesundheitliche, wirtschaftliche, seelische und soziale Situation bedeutet verantwortungsbewußte Elternschaft, daß man entweder, nach klug abwägender Überlegung, sich hochherzig zu einem größeren Kinderreichtum entschließt oder bei ernsten Gründen und unter Beobachtung des Sittengesetzes zur Entscheidung kommt, zeitweise oder dauernd auf weitere Kinder zu verzichten", heißt es wörtlich in „Humanae vitae" (Nr. 10). Allein das in der Enzyklika ausgesprochene Verbot künstlicher Empfängnisverhütung kam immer wieder zur Sprache. Auch die „Königsteiner Erklärung" der Deutschen Bischofskonferenz vom 30. August 1968 zu „Humanae vitae" wurde unterschlagen. Diese Erklärung nimmt Bezug auf die Kritik am „Pillen-Verbot". Wörtlich heißt es zu jenen, die das Verbot nicht akzeptieren wollen: „Wer glaubt, so denken zu müssen, muß sich gewissenhaft prüfen, ob er – frei von subjektiver Überheblichkeit und voreiliger Besserwisserei – vor Gottes Gericht seinen Standpunkt verantworten kann."
Das christliche Menschenbild, das sich insgesamt in der Enzyklika widerspiegelt, ist heute kaum noch zu vermitteln. Es wird bestenfalls abgelehnt, meist jedoch mit Spott überzogen. Daß dieses Menschenbild letztlich der Frau zugute kommt, ist ein Aspekt, der überhaupt nicht beachtet wird. Vielmehr werden die „positiven Seiten" der sexuellen Revolution, der Verhütung wie der Abtreibung für die Frau gerühmt. Daß es in der Männergesellschaft aber die Männer sind, die von allem Vorteile haben und diese wahren und nutzen, haben viele Frauen nicht begriffen. „Dabei war der Mann ohne Zweifel der Hauptgewinner der sexuellen Revolution der letzten Jahre und Jahrzehnte. Sex, der große Männerspaß, ist in der liberalisierten und

emanzipierten Gesellschaft viel leichter zu haben als in früheren Gesellschaften, in denen Konventionen, Bande frommer Scheu und gewiß auch mancherlei Heuchelei dem Sich-Ausleben enge Grenzen zogen", schreibt der ehemalige Präsident des Zentralkomitees der deutschen Katholiken, der Münchner Professor Hans Maier, und er fährt fort: „Listig haben sich die Herren der Schöpfung gegen Kritik, gegen Pflichten der Rücksicht und Mitverantwortung versichert: Welche Frau will solches schon einklagen, wenn sie dadurch in den Ruch des Muckertums, der Reaktion gerät? So haben sich unter lauttönenden Emanzipationsgesängen vielfach alte Herrschaftsstrukturen neu befestigt. Die Sexualisierung des Lebens hat den Frauen nicht mehr Freiheit, sondern neue Abhängigkeit gebracht ... Nein, die Männer – oder doch nicht wenige von ihnen – sind längst aus stillen Genießern zu lauten Profiteuren der sexuellen Revolution geworden" (Münchner Merkur, 30. März 1991).

Der Mann hat die Lust, die Frau hat die Last. Auf diesen kurzen Nenner läßt sich die gesellschaftliche Situation bringen, die durch die „Fristenlösung" nicht geändert, sondern verschlimmert wird. Denn das Leiden nach einer Abtreibung trägt die Frau allein. Physische Nachwirkungen spielen dabei eine untergeordnete Rolle, aber die psychischen Folgen einer Abtreibung sind nach wie vor groß. Der medizinische Fortschritt hat das Problem der psychischen Belastungen nicht lösen können. So leidet etwa die Hälfte der Frauen unter einer Abtreibung. Vor allem die Langzeitwirkung ist erschreckend. Nach einer Allensbacher Studie sehen mehr Frauen die Tötung ihres ungeborenen Kindes in der Rückschau als belastend an, je länger die Abtreibung zurückliegt. Und bei jeder fünften Frau ist die Belastung auch mehr als acht Jahre nach der Abtreibung noch vorhanden. In Interviews werden „schwere Depressionen", „pausenlose Weinkrämpfe" oder ein Haß auf andere Mütter mit Kindern genannt (vgl. Renate Köcher, a. a. O.).

Frauen fanden und finden nur wenig Unterstützung, wenn sie auf diese Seite der Abtreibungsfolgen hinweisen. Es wird statt dessen akzeptiert, daß die Frau, die abgetrieben hat, ihr Schicksal zu meistern hat, während sich der Erzeuger aus der Verantwortung zurückzieht. Der Mann muß nicht für die Verhütung sorgen, weil es die Aufgabe der Frau ist. Falls etwas „schiefgeht“, hat die Frau die Abtreibung durchführen zu lassen mit all ihren möglichen Folgen. Der Mann nimmt weder die ideellen noch die finanziellen Verpflichtungen für das Kind wahr. Selbst die Abtreibung mußte er nicht bezahlen, denn das übernahm großzügigerweise die gesetzliche Krankenversicherung. (Hier wurde übrigens eine weitere Widersinnigkeit des gesamten Systems deutlich: Während die Frau die sexuelle Freiheit des Mannes finanziell fördern muß, indem sie die „Pille“ bezahlen muß, wurde der Mann finanziell entlastet, indem die Gemeinschaft der Versicherten für die Abtreibung aufkam.) Wenigstens dies hat das BVG nun gestoppt.

Eine der wenigen prominenten Frauen, die öffentlich die Entlassung des Mannes aus jedweder Verantwortung anprangerte, war die Professorin Gertrud Höhler. Sie meinte: „Schon der Skandal, daß Männer nicht beraten werden sollen, müßte alle Frauen einigen in der Entschlossenheit, keine der entworfenen Scheinreformen passieren zu lassen. Nehmen Frauen es hin, weil sie glauben, Männer seien schlichtweg nicht zu beraten – sprich unbelehrbar? In einer Kultur mit männlicher Sexualmoral gilt das. Aber wollen dieselben Frauen nicht das weibliche Element in unserer Kultur stärken?“ (Welt am Sonntag, Nr. 11/91).

Diese Frauen wollten offensichtlich nicht. Zwar sind im verabschiedeten Gesetz beim allgemeinen Anspruch auf Sexualberatung auch die Männer genannt (§ 2), aber in den Bestimmungen über die Pflichtberatung vor der Abtreibung (§ 219) kommt der Mann nicht vor. Er bleibt aus dem gesamten Vorgang ausgespart. Selbst im Blick auf die Zukunft nach der Abtreibung ändert sich daran nichts. Der Schlußsatz des Paragraphen 219 lautet: „Die Beratung trägt auch zur Vermeidung künftiger ungewollter Schwangerschaften bei“, was dann selbstverständlich wieder in der Verantwortung der Frau liegt, da der Mann nicht genannt wird. Wenig erstaunlich ist, daß die große Mehrheit der Frauen im Bundestag dies alles unberücksichtigt ließ und für den Gruppenantrag stimmte. Sie waren Gefangene ihrer eigenen männerfreundlichen Kampagnen geworden. Indem sie einerseits die Männer, die christliches Gedankengut zu vermitteln

versuchten, verteufelten, haben sie andererseits jene Männer aufs Schild gehoben, denen die sogenannte „Liberalisierung“ der Abtreibungsregelungen zugute kommen wird.
Die Vermittlung der Stellung der Frau in Gesellschaft, Partnerschaft und Ehe muß nach der Entscheidung des Bundestages als gescheitert betrachtet werden. Durchgesetzt hat sich letztlich eine weitere Schwächung der Position der Frau. Der Mann ist als Sieger aus der Auseinandersetzung hervorgegangen. Was besonders bedenklich stimmen muß, ist die Tatsache, daß dieses Ergebnis selbst dann zustande gekommen wäre, wenn nur Frauen im Parlament zur Abtreibungsfrage stimmberechtigt gewesen wären, wie das Ergebnis des Votums über den Gruppenantrag zeigt.
Die Gründe für das Mißlingen der Vermittlung des christlichen Bildes von Frau, Ehe und Familie sind vielfältig. Eine wesentliche Ursache ist, daß Frauen in der katholischen Kirche keine (Weihe-)Ämter haben. Dieses angebliche „Defizit“ wurde von den Anhängern der „Fristenlösung“ ausgenutzt. Die Argumentationskette war simpel: Wer Frauen nicht in bestimmte Ämter läßt, diskriminiert Frauen; wer Frauen bei der Arbeit diskriminiert, der diskriminiert sie auch in der Abtreibungsfrage. Theologische Argumentationen wie auch Tatsachen kamen gegen solche „Logik“ nicht zum Tragen. Wenn verschiedene Dinge in Schlagworten gut gemixt werden, dann ist für differenzierte Aussagen kein Raum und vor allem keine Aufnahmebereitschaft vorhanden. Diejenigen, die sich für den Schutz des ungeborenen Kindes einsetzten, wurden als Gegner der Frauen dargestellt. Es wurde ein künstlicher Gegensatz aufgebaut, obwohl der Schutz des Kindes und der Schutz der Frau untrennbar miteinander verbunden sind.
Ein weiterer sich negativ auswirkender Punkt ist die Ablehnung künstlicher Empfängnisverhütung durch den Papst. Katholischen Christen wurde vorgeworfen, daß sie Frauen durch das „Pillen“-Verbot erst zur Abtreibung bringen würden. Wie wenig logisch diese Argumentation war, fiel den meisten Menschen offensichtlich nicht auf. Denn eine Frau, die so fest im Glauben ist, daß sie das „Pillen“-Verbot strikt befolgt, wird erst recht nicht das Verbot der Abtreibung durchbrechen. Wenn es

einmal katholischen Christen in Diskussionen gelingt, auf die Widersinnigkeit solcher Aussagen hinzuweisen, wechselt die andere Seite schnell das Thema und kommt zur Dritten Welt, wo angeblich wegen des „Pillen-"Verbotes Kinder verhungern. Daß auch diese Behauptung nicht den Tatsachen entspricht, weil eben die Länder mit den höchsten Geburtenraten nicht katholisch, nicht einmal christlich sind, konnte dann schon nicht mehr vermittelt werden. Denn was lange genug wiederholt worden war, hatte sich so in den Köpfen festgesetzt, daß Zahlen und Fakten nicht mehr aufgenommen werden wollten.

Schließlich wurden katholische Christen als „sexualitätsfeindlich" dargestellt. In einer Gesellschaft, in der Sex zur Massenware wurde, ist eben ein verantwortlicher Umgang mit Sexualität, sind partnerschaftliche Treue und Liebe ebensowenig an den Mann oder die Frau zu bringen wie der Zusammenhang von Liebe und Sexualität. Daß es vor allem Christen waren und sind, die gegen die sexuelle Ausbeutung der Frau protestieren, paßte nicht ins Bild derer, welche die Katholiken an den Pranger stellten.

Angesichts der weit verbreiteten Auffassung von Sexualität ist es kein Wunder, daß der Gruppenantrag mit dem „Gesetz über Aufklärung, Verhütung, Familienplanung und Beratung" beginnt. Bereits Absatz 2 des ersten Paragraphen befaßt sich mit Verhütungsmethoden und Verhütungsmitteln. Solche politischen Prioritäten werden nicht ohne Wirkung bleiben, zumal eine der wenigen „Sozialleistungen" des Gesetzes die kostenlose Abgabe von Verhütungsmitteln an Versicherte bis zum vollendeten 20. Lebensjahr ist. Dieses Gesetz ist dazu geeignet, Frauen und Mädchen zu Lustobjekten zu degradieren. Von verantwortlicher Sexualerziehung jedenfalls ist in dem Gesetz keine Rede. Gerade katholische Christen haben in den Debatten der vergangenen Jahre versucht, die Stellung der Frau deutlich zu machen. Daß es nicht gelang, hierfür ein breites Bewußtsein zu wecken, liegt zum einen sicher am entchristlichten Umfeld, das für solche Argumentationen nicht aufnahmebereit ist. Zum anderen aber ist es ein sprachliches Problem. Das christliche Menschenbild wird in offiziellen Verlautbarungen kompliziert und weit ab von der Sprache der Menschen dargestellt, daß es selbst Gutwilligen oft schwerfällt, alles zu verstehen. Dieses Handicap bei der sprachlichen Umsetzung hat sich in der Abtreibungsdiskussion als großer Nachteil erwiesen. Ähnliches zeigt sich jedoch auch bei der Vermittlung anderer christlicher Werte.

3. Sozialer Einsatz der Kirchen

Die gängigste Parole in der Auseinandersetzung um die Abtreibung war die Formel „Hilfe statt Strafe". Dieser Spruch hätte eigens für die Debatte von einer Werbeagentur erfunden sein können, so einprägsam war er, so leicht nachvollziehbar – und zugleich verschleiernd wie eine Waschmittelreklame. „Hilfe statt Strafe" war der letztlich alles entscheidende Slogan. Um ihn herum wurde eine Argumentation aufgebaut, die zwar sachlich nicht immer richtig war, die aber ins allgemeine Bild der Bevölkerung von Gesellschaft und Kirche paßte.

Katholische Christen wurden von Politikern in die Defensive gedrängt, aus der herauszukommen argumentativ kaum möglich war. Saßen und sitzen Vorurteile doch sehr tief. Politikerinnen und Politiker schürten wider besseres Wissen die Vorurteile. So behauptete die Parlamentarische Geschäftsführerin der CDU/CSU-Bundestagsfraktion, Ingrid Roitzsch, in einem Interview mit der „Kölnischen Rundschau" am 25. August 1990: „Solange die Kirchen nicht für ein familienfreundliches Klima sorgen, solange eine ledige schwangere Frau mit Schimpf und Schande aus einem Dorf getrieben wird, so lange hat zumindest die katholische Kirche jeden Anspruch verwirkt, hier urteilen zu dürfen, zumal sie einerseits die Pille ablehnt, andererseits den jungen Frauen nicht hilft." Noch unverschämter im Ton ging die stellvertretende Vorsitzende der SPD-Bundestagsfraktion, Ingrid Becker-Inglau, zur Sache. Sie meinte, die Bischöfe, die „mit Wohnraum und Finanzen gut ausgestattete Zwangskinderlose" seien, würden die Katholiken massiv bearbeiten, damit Frauen wieder zu „Gebärmaschinen" würden. Schließlich sei noch FDP-Chef Otto Graf Lambsdorff zitiert, der beim Landesparteitag der

NRW-Liberalen am 28. März 1991 betonte, die Trennung von Kirche und Staat werde „in einer Zeit dogmatischer Kirchenpolitik der katholischen Amtskirche immer wichtiger". Und der Graf fuhr fort: „Wer im Aids-Zeitalter gegen Präservative predigt, handelt unverantwortlich. Wenn kirchliche Moral zum Moralismus wird, wird die Kirche ein Gegner der Vernunft. Wir werden laut sagen, daß wir gegen eine Kirche von gestern sind." Das Protokoll des Parteitages verzeichnet mehrfach „lebhafte Zustimmung".

Quer durch die Parteien wurde ein Feindbild namens Kirche aufgebaut. Ausgerechnet die Parteien, die sich selbst in der Staatskasse bedienen, die selbst ihren Machtanspruch und ihre Inbesitznahme des Staates mit Steuergeldern finanzieren, warfen der Kirche eben dieses vor. Den Bundestagsabgeordneten sind jedoch die Tatsachen über die sozialen Leistungen der Kirchen bekannt. Tatsache ist z. B., daß es gerade die christlichen Kirchen sind, die das meiste für junge Familien und Kinder leisten. Dies beginnt bei der Hilfe für schwangere Frauen sowie Familien in Not. In allen Diözesen gibt es bischöfliche Fonds, aus denen in Notlagen Gelder zur Verfügung gestellt werden. Darüber hinaus gibt es christliche Vereine, die unter der gleichen Zielsetzung arbeiten. Beispielhaft sei hier die Aktion „Für das Leben" im Bistum Essen genannt. In den zehn Jahren ihres Bestehens seit 1982 konnte die Aktion Frauen in Not mit 1,5 Millionen DM unterstützen. Hinzu kommen noch Sachspenden. So wurden der Aktion Kinderkleidung und Schwangerschaftskleidung von katholischen Frauen zur Verfügung gestellt. Kinderbetten und -wagen wurden ebenso gesammelt wie Spielzeug. Wichtig ist in diesem Zusammenhang, daß diese Hilfen für den Fall vorgesehen sind, daß alle anderen Möglichkeiten versagen. Und dieser Fall tritt häufig ein. Denn sowohl die staatlich garantierten Unterstützungsmaßnahmen wie auch die Bundesstiftung „Mutter und Kind in Not" haben bei weitem nicht ausgereicht, um in allen Notfällen zu helfen.

Der Umgang mit der Bundesstiftung ist ein weiteres Beispiel für die Heuchelei von Politikern. Die Gelder aus der Stiftung wurden fast ausschließlich über kirchliche Beratungsstellen verteilt. Während etwa „pro familia" das Geschäft mit der Abtreibung betrieb, wurden Frauen, die das Kind austragen wollten und um finanzielle Hilfen baten, zur Caritas geschickt. Die offizielle Begründung der Gegner der Stiftung für dieses Verhalten war, daß die Stiftung abgelehnt werde, weil es einen Rechtsanspruch auf Hilfe geben müsse. Mit der gleichen Begründung und unter Hinweis auf die Zuständigkeit des Bundes verweigerten SPD-regierte Länder die Gründung eigener Landesstiftungen sowie die Einführung eines Familiengeldes oder ähnlicher direkter finanzieller Hilfen auf Landesebene. Jene, die am lautesten „Hilfe statt Strafe" riefen, hatten zuvor am wenigsten geholfen. Dies galt und gilt für die ungeborenen Kinder ebenso wie für die geborenen. Das Land NRW verkündet ständig, es würden neue Kindergartenplätze geschaffen. Zuständig dafür sind die Kommunen. Städte und Gemeinden wiederum treten an die Kirchen heran, sie mögen Träger der Kindergärten werden. Kirchengemeinden im Bistum Essen z. B. sind Träger von 404 Kindergärten. Diese beanspruchen den größten Einzelposten im Haushalt der Diözese. Jede zehnte Mark aus dem Kirchensteueraufkommen fließt in die Kindergärten. In anderen Bistümern sieht es ähnlich aus. (An dieser Stelle muß klargestellt werden, daß die Kirchensteuer keine staatliche Abgabe ist, die den Kirchen großzügigerweise zur Verfügung gestellt wird. Vielmehr handelt es sich um einen Beitrag, den die Christen an ihre Kirchen leisten und der von den Finanzämtern für die Kirchen eingezogen wird. Für diese Leistung der Behörden kassiert der Staat zudem noch kräftig ab. Allein im Bistum Essen ließ sich der Staat die Verwaltungsarbeit mit rund 13 Millionen DM im Jahr 1992 vergüten.) Der Staat profitiert von den Kindergärten in kirchlicher Trägerschaft. Sie sind für ihn erheblich kostengünstiger als eigene Einrichtungen. Die kirchlichen Kindergärten sind keine Sondereinrichtungen für Christen. Sie kommen allen Kindern zugute. In Städten des Ruhrgebietes gibt es kirchliche Kindergärten, in denen Christen eine Minderheit sind, weil moslemische Kinder einen Anteil bis zu 80 Prozent stellen. Diese guten Erfahrungen in der alten Bundesrepublik haben dazu geführt, daß in den neuen Ländern nach der Wende die Kommunen rasch mit der Bitte an die Kirchen traten, die Trägerschaft von Kindergärten zu übernehmen. Politiker kennen die Problematik, doch sie wettern gegen die Kirche und scheuen vor Verunglimpfungen nicht zurück. Der SPD-Abgeordnete Gunter Weißgerber behauptete bei der Schlußdebatte über die Gesetze zur Abtreibung im Bundestag: „Es ist das gleiche Leben, welches als nachgeburtliches mit gesegneten Waffen sogar in einen Krieg ziehen darf, um eventuell vernichtet zu werden. Hier kann ich mich nicht eines unangenehmen Eindruckes der Zwiespältigkeit erwehren." Daß die Kirche den Krieg sowohl am Golf wie auch in Jugoslawien sehr eindeutig verurteilt hat, daß die Kirche Beratungsstellen für Kriegsdienst-Verweigerer betreibt und daß es für katholische Priester verboten ist, Waffen zu segnen, interessierte den Abgeordneten bei seinen Attacken auf die Kirche offenbar nicht. Wo die Kirche schon einmal in die Ecke derer gedrängt worden war, die strafen statt helfen wollen, fielen solche Verleumdungen auf fruchtbaren Boden, wie der Beifall bei der SPD und dem Bündnis 90 / Die Grünen zeigte, den das Bundestagsprotokoll vermerkte.

Tatsachen hingegen, wie das Engagement der Christen nicht nur für Kinder, sondern auch für Jugendliche, fielen den Kampagnen zum Opfer. Dabei ist es unbestritten, daß der größte Teil der Jugendlichen immer noch in christlichen Gruppen organisiert ist, wie eine Jugendumfrage in NRW ergeben hat. Besonders Jugendliche in schwierigen Situationen können auf die Unterstützung seitens der Kirche bauen. Das Bistum Essen hat in Zeiten hoher Jugendarbeitslosigkeit Lehrstellenaktionen gestartet und Jugendwerkstätten gegründet. Seit sich der Lehrstellenmarkt entspannt hat, kommen diese Werkstätten den schwer vermittelbaren jungen Menschen zugute. Weil der Prozentsatz der Schülerinnen und Schüler ohne Hauptschulabschluß hoch ist, sind diese Maßnahmen der Kirche immer noch notwendig. Mehrere Millionen Mark haben katholische Christen für die Werkstätten im Laufe der Jahre gespendet. Und Politiker scheuen sich nicht, diesen Christen vorzuwerfen, sie täten nichts für das geborene Leben.

Ähnliches christliches Engagement ist in der Behindertenarbeit, bei Krankenhaus-Besuchsdiensten oder in der Unterstützung von Aussiedlern, Asylbewerbern und Flüchtlingen zu verzeichnen. Doch das Heer Hunderttausender ehrenamtlich tätiger

Christen wurde in der Abtreibungsdebatte von Politikern ständig verunglimpft. Dabei ist es richtig festzustellen: Würden Christen ihren sozialen Einsatz für die Menschen von einem Tag auf den anderen einstellen, wäre der Staat am Ende.
Wie wenig die Bundespolitik an Hilfen zu gewähren bereit ist, offenbart der verabschiedete Gruppenantrag. Etwa 20 Millionen DM jährlich wollen die Bonner Politiker aus der Bundeskasse für Beratung und Aufklärung ausgeben. Hinzu kommt ein nicht feststehender Betrag über den Bund-Länder-Finanzausgleich für die Kinderbetreuung. Von all den während der fast zwei Jahre währenden Diskussion gemachten Hilfsversprechen ist nur wenig übriggeblieben. Nicht erhöht wurde das Erziehungsgeld. Nicht eingeführt wurde das Familiengeld. Die Bundesstiftung „Mutter und Kind in Not“ erhielt nicht mehr Mittel. Für die neuen Bundesländer wurden keine zusätzlichen Gelder für die Stiftung zur Verfügung gestellt. Dies alles geschah nicht, obwohl die Bonner Abgeordneten wissen, daß die Gelder der Stiftung jedes Jahr rasch ausgehen und Frauen, die zum Jahresende ein Kind erwarten, kaum auf Zuwendungen aus der Stiftung rechnen können. Im Gruppenantrag kam die Stiftung mit keinem Wort vor.
Die Ausgaben, die entstehen, werden wieder einmal auf andere abgewälzt. Etwa 210 Millionen Mark kommen auf Länder und Kommunen im Bereich der Sozialhilfe zu. Etwa 15 Millionen DM werden es bei der Kinderbetreuung sein, von denen Ländern und Kommunen nur ein Teil erstattet wird. Die Krankenkassen werden 100 Millionen Mark pro Jahr für die kostenlose Abgabe von Verhütungsmitteln an die bis zu 20 Jahre alten Versicherten aufbringen müssen. Letztlich wird dieses Geld die Gemeinschaft der Versicherten bezahlen müssen. Mit etwa 108 Millionen Mark wird die Bundesanstalt für Arbeit für Arbeitsförderungsmaßnahmen zahlen sollen. Da die Beiträge zur Arbeitslosenversicherung nicht endlos steigen sollen, wird an anderer Stelle gespart. Weil Städte und Gemeinden unter Finanznot leiden, soll es das Recht auf einen Kindergartenplatz erst ab 1996 geben. Und selbst dagegen wehren sich die Kommunen.
Realistisch gesehen ist von Hilfen für Mütter, junge Familien und Kinder im Gruppenantrag nicht viel übriggeblieben. Die

Abgeordneten, vor allen von SPD und FDP, waren angetreten, die Stiftung „Mutter und Kind“ abzuschaffen, weil dies ein „Almosen“ sei. Statt dessen müsse es gesicherte Rechtsansprüche geben. Das Ergebnis wurde nicht erreicht. Die Stiftung „Mutter und Kind“ ließen die Abgeordneten auf niedrigem Niveau, die Rechtsansprüche auf breiter Front blieben aus. Selten sind Wählerinnen und Wähler von Politikern dermaßen hinters Licht geführt worden. Mit der Parole „Hilfe statt Strafe“ wurde die Auseinandersetzung um die Einführung der Fristenlösung entschieden. Was blieb, waren weder ausreichende Hilfe noch Strafe. Mit der „Fristenlösung“ sollte lediglich die Abtreibung als kostenloses Mittel der Empfängnisverhütung für alle gesetzlich Krankenversicherten eingeführt werden. Das ist realistisch betrachtet die größte der im Gruppenantrag vorhandenen „sozialen“ Leistungen. Dies wurde jedoch vom BVG untersagt. Da hatte selbst die ehemalige DDR, in der die „Fristenlösung“ galt, den Schwangeren mehr an sozialen Leistungen geboten. Diese jedoch wurden abgeschafft, die „Fristenlösung“ als einzige „Errungenschaft des Sozialismus“ in das vereinte Deutschland hinübergerettet.
Noch in der Schlußdebatte über die verschiedenen Gesetzentwürfe wurde betont, daß „ein erfreulicher Konsens über die Notwendigkeit sozialer Hilfen über Parteigrenzen hinweg erzielt worden“ sei, so die SPD-Abgeordnete Inge Wettig-Danielmeier. Wie gering die Hilfen tatsächlich ausgefallen sind, werden Frauen und Familien in Notlagen wohl erst merken, wenn sie konkret Geld beantragen.
Die Konzentration der Auseinandersetzung auf die strafrechtlichen Aspekte hatte den Slogan „Hilfe statt Strafe“ zu einer idealen Parole zur Durchsetzung der „Fristenlösung“ werden lassen. Jene, die der Auffassung des Bundesverfassungsgerichtes folgen wollten, daß „im äußersten Falle, wenn der von der Verfassung gebotene Schutz auf keine andere Weise erreicht werden kann“, der Gesetzgeber verpflichtet sei, „zur Sicherung des sich entwickelnden Lebens das Mittel des Strafrechts einzusetzen“, wurden als Reaktionäre bezeichnet.
Es kam nicht zur Geltung, daß Christen viel weiter gehende Hilfen forderten, als die Politiker zu gewähren bereit waren.

Das Zentralkomitee der deutschen Katholiken etwa verlangte noch im Mai 1991, daß der Steuerfreibetrag je Kind auf 500,– DM pro Monat und das Kindergeld für das erste Kind auf 200,– DM im Monat erhöht werden sollten. Darüber hinaus müsse die Bezugsdauer für das Erziehungsgeld entsprechend der Verlängerung des Erziehungsurlaubes auf 36 Monate ausgedehnt werden. Ähnliche Forderungen wurden von zahlreichen kirchlichen Verbänden erhoben.

Die zuletzt einseitig um das Strafrecht geführte Debatte verhinderte, daß solche Forderungen in der Öffentlichkeit auf breite Resonanz stießen. Durch diese Art der Diskussion ging auch das vorhandene soziale Engagement von Christen für schwangere Frauen in Notlagen unter.

Die Tatsache, daß Christen sich nicht nur für umfangreiche Hilfen, sondern gleichzeitig für die Beibehaltung des Strafrechts als bewußtseinsbildende Maßnahme und äußerstes Mittel zum Schutz des ungeborenen Kindes einsetzten, ließ die christlichen Argumente in der Öffentlichkeit verblassen. Für diese Position, die nicht nur christlichen, sondern auch zumindest bisher geltenden staatlichen Werten entspricht, gibt es keine so einfache Parole wie „Hilfe statt Strafe".

Darüber hinaus haben Christen zu sehr Rücksichten auf die Regierungsparteien genommen, wenn es um Hilfen für Schwangere und Familien ging. Christen waren zu kompromißbereit, haben sich zu stark vom Argument der leeren Staatskassen beeindrucken lassen, vor allem fehlte es am Mut, mit den Forderungen nach Hilfsmaßnahmen in diesem Bereich, gleichzeitig Sparvorschläge in anderen Bereichen zu machen oder auf die Verschwendung von Steuergeldern hinzuweisen. Es fehlte – sieht man von einigen Jugendgruppen ab – z. B. der Mut, den Verzicht auf den Jäger 90 zu verlangen. Christen haben sich in die Defensive drängen lassen, weil ihnen eine konsequente Strategie zur Auseinandersetzung mit den Parteien fehlte und weil sie zuviel Rücksicht auf eine Partei genommen haben.

Schließlich haben Christen die gesamte Debatte zu vornehm geführt. Statt z. B. darauf hinzuweisen, daß die Parteien sich selbstgefällig zum eigenen Machterhalt in der Staatskasse bedienen, ertrugen die Kirchen fast geduldig Vorhaltungen aus diesen Parteien, die Kirche lasse sich ihre sozialen Tätigkeiten gut honorieren. Erst als es zu spät war, als die Debatte schon zugunsten der Fristenlösung entschieden war, versuchten Christen noch einmal, Boden gutzumachen. Aber der Kampf war nicht zuletzt verloren, weil der Parole „Hilfe statt Strafe" nichts Gleichwertiges entgegengesetzt werden konnte.

4. Die Rolle der Medien

Eine herausragende Rolle bei der Meinungsbildung der Öffentlichkeit über die gesetzliche Behandlung von Abtreibungen spielten die Medien. Zeitungen, Rundfunk und Fernsehen engagierten sich zum größten Teil für die „Fristenlösung". Die kontinuierliche Berichterstattung in diese eine Richtung trug erheblich dazu bei, daß sich in der Bevölkerung allmählich eine Mehrheit gegen die Indikationsregelung bildete.

Als im Oktober 1990 das Embryonenschutzgesetz verabschiedet wurde, sah es noch so aus, als ob unter Journalisten der Wert menschlichen Lebens unstrittig ein zu verteidigendes Gut sei. Die Kommentare und Berichte erkannten die Tatsache, daß menschliches Leben mit der Befruchtung der Eizelle durch die Samenzelle beginnt, nicht nur an, sondern vielfach wurde ein stärkerer Schutz des Lebens gefordert, als im Embryonenschutzgesetz vorgesehen. Die alternative „tageszeitung" kritisierte, daß überzählige Embryonen, die bei der künstlichen Befruchtung entstehen, getötet werden könnten. Scharfe Angriffe richtete das Blatt gegen die eugenischen Bestimmungen im Gesetz. Die Erlaubnis, Spermien zu selektieren, um Erbkrankheiten auszuschließen, sei ein Einfallstor für die Eugenik. Die Westdeutsche Allgemeine Zeitung stellte in ihrem Kommentar am 26. Oktober das Embryonenschutzgesetz in Zusammenhang mit der Debatte um die Abtreibung. „Die Festlegung auf den Beginn des Lebens zum Zeitpunkt der Befruchtung hat über die Gen-Problematik hinaus aber auch Auswirkungen auf die weitere Diskussion des § 218. Wenn menschliches Leben zu diesem frühen Zeitpunkt beginnt, erscheint es kaum mehr möglich, für die Dreimonatsfrist beim Schwangerschaftsabbruch einzutreten“, schrieb die WAZ und nannte es einen „seltsamen Widerspruch“, wenn die gleichen Abgeordneten, die beim Embryonenschutz schärfere Bestimmungen forderten, sich für eine Liberalisierung der Abtreibung stark machen. Der Kommentator kam zu dem Schluß: „Politische Wünsche oder die reine Zweckmäßigkeit dürfen nicht letzter Maßstab sein, wenn es um den Schutz des Lebens geht.“

Die Behandlung des Embryonenschutzgesetzes in den Medien ließ zunächst hoffen, daß bei der Diskussion um die Abtreibung Sachlichkeit in der Berichterstattung wie der Kommentierung vorherrschen könnte. Die Stoßrichtung in den meisten Medien änderte sich aber schnell. Kaum war das Embryonenschutzgesetz verabschiedet, so war es wieder in Vergessenheit geraten. Die Medienberichterstattung konzentriert sich zum Jahresende 1990 voll auf die Abtreibung. Das Zwischenspiel, in dem sich Zeitungen und Rundfunk auf breiter Front für einen weitgehenden Schutz des Lebens eingesetzt hatten, war beendet.

Die neuen Schlagzeilen zeigten die Trends der Berichte an. „Im Einigungsvertrag ist von Strafe nicht die Rede“ (Süddeutsche Zeitung, 31. Oktober 1990), „Chefredakteurinnen in BILD: 218 muß weg“ („Bild“, 20. März 1991), „Eindeutige Mehrheit der Frauen für Fristenlösung“ (Der Morgen, 16. Mai 1991) oder „Der heilige Krieg der Kirche und das Frauenbild der CDU“ hieß es nun. In der Medienlandschaft zeichnete sich eine deutliche Mehrheit für die „Fristenregelung“ ab.

Die Kommentierung in den meisten Blättern war sehr eindeutig zugunsten der „Fristenlösung“. Unterstützt wurde diese Meinung vielfach durch eine einseitige Auswahl von Nachrichten und Berichten. Als die katholische Kirche im Mai 1991 die „Woche für das Leben“ mit dem Schwerpunkt Schutz des ungeborenen Lebens beging, war die Berichterstattung insgesamt mehr als dürftig. Der Chefredakteur einer Regionalzeitung beantwortete die Nachfrage, warum das Blatt nicht über die kirchlichen Aktionen berichte, mit den Worten: „Da hat es keine neuen Argumente gegeben.“

Die alten Argumente der Befürworter der „Fristenlösung“ dagegen fanden in der Berichterstattung breiten Raum. Unterstützt wurde diese Meinung durch zahlreiche Kommentare.

Der CSU wurde z. B. wegen ihrer „Ansbacher Erklärung“ vorgeworfen, sie entfache „Eine Art Glaubenskrieg“, und sie finde „schnell und simpel“ Antworten auf komplexe Fragen (NRZ, 15. Juli 1991). Das Schlagwort „Hilfe statt Strafe“ zog in die Kommentarspalten ein.

Es waren nur wenige Zeitungen, die konsequent während der gesamten Debatte für den rechtlichen Schutz des ungeborenen Lebens eintraten. Neben den überregionalen „FAZ“ und „Welt“ gehörten dazu einige regionale Zeitungen. Gerade die beiden eher konservativen überregionalen Zeitungen waren es, die nicht nur in ihren Kommentaren Kurs hielten, sondern auch in ausführlichen Beiträgen von Wissenschaftlern das Thema behandelten. Hinzu kamen die christlichen Zeitungen und Zeitschriften, wie etwa „Weltbild“, „Rheinischer Merkur“ oder „Deutsche Tagespost“, die gegen den Trend anschrieben. Die große Ausnahme und deshalb um so bemerkenswerter waren Berichte in Illustrierten über Frauen, die gegen allen Druck von außen ihr Kind bekommen haben. So schrieb die „Quick“ (8. August 1991) unter der Überschrift „Schön, daß es dich gibt“ über „drei Frauen, die entgegen aller Vernunft auf ihr Herz gehört haben und ja sagten zu einem unerwünschten Kind“.

Als der Streit um die Abtreibungspille RU 486 entbrannte, waren sich die Kommentatoren noch einiger als in der grundsätzlichen Frage des Lebensschutzes. Die „Pille“ zur Tötung ungeborenen Lebens wurde fast durchweg begrüßt, ihre Einführung in Deutschland gefordert. Selbst die „Welt“ schloß sich der Argumentation an, daß dieses Präparat schonender sei als eine operative Abtreibung. Die Zeitung kam zu der Schlußfolgerung: „Denn Schwangerschaftsabbrüche wird es nach wie vor geben, auch bei einer restriktiven Handhabung des Gesetzes – und die sollten dann so wenige Risiken für die Frau bergen wie möglich“ (31. Oktober 1991). Die Medien unterstützten weitgehend die politischen Kampagnen. Sie setzten dadurch die „Schweigespirale“ in Gang. Leserinnen und Leser, die die „Fristenlösung“ ablehnten, mußten im Lauf der Zeit immer mehr den Eindruck gewinnen, daß sie sich in der Minderheit befanden. Wer fast täglich Schlagzeilen und Kommentare pro „Fristenlösung" zu lesen bekommt, wird annehmen, daß dies Mehrheitsmeinung sei. Die Art der Berichterstattung ist ein Grund für den breiten Stimmungswandel zur Abtreibung in der Bevölkerung in der zweijährigen Diskussion.

Nachdem der Gruppenantrag perfekt war, beherrschte zunächst die Frage der „Gewissensentscheidung" die Leitartikel. Einhelliger Schluß der Kommentatoren war, daß das Gewissen der Abgeordneten geachtet werden müsse. Daß die Mehrheitsentscheidung des Bundestages dann auf breite Zustimmung in den Medien stieß, war nur noch ein letzter Vollzug der Kommentierungen.

In den Medien konzentrierte sich die Berichterstattung wie auch die Kommentierung stark auf die rechtlichen Aspekte. Die in den Gesetzen vorgesehenen Hilfsmaßnahmen spielten nur eine untergeordnete Rolle. Mit den unzureichenden Hilfen des verabschiedeten Gesetzes setzte sich kaum ein Journalist kritisch auseinander. Die Politiker hatten es gut verstanden, die Journalisten über die angeblich so großen Hilfen zu informieren. Korrespondenten und Redakteure übernahmen die politischen Aussagen. Einen Grund zum Zweifeln gab es kaum, denn die große Einigkeit aller Parteien – wie auch die Würdigung der Hilfen durch die Kirchen – mußten den Eindruck erwecken, als sei nur das Strafrecht strittig. So fehlte die notwendige kritische Begleitung der Streichung zahlreicher versprochener staatlicher Leistungen für schwangere Frauen und Familien. Ob es Berichte, Kommentare, Talk-Shows oder Interviews waren, immer war das Strafrecht das beherrschende Thema. Begleitet wurde die Berichterstattung über die Abtreibung in einigen Medien von einer Kampagne gegen die Kirchen, insbesondere die katholische. Daß die Zahl der Kirchenaustritte 1991 stark anstieg und damit einen Aufhänger für die kritische Auseinandersetzung mit den Kirchen bot, stand nicht im Zusammenhang mit der Abtreibung, sondern war eher Zufall. Die folgenden Attacken hingegen waren gezielt. Da wurden Abtreibung, Kirchensteuer, Empfängnisverhütung und Drewermann bunt gemischt. Es waren zwar nur einige Zeitungen und Rundfunkjournalisten, die bösartig bis verleumderisch agierten, aber sie verfehlten ihre beabsichtigte Wirkung nicht.

Allen voran schritt Rudolf Augsteins „Spiegel“. Augstein erkannte die Gunst der Stunde, sein Mütchen an der Kirche zu kühlen. Weihnachten 1990 brachte das Nachrichtenmagazin eine Titelgeschichte, in der im typischen „Spiegel-Stil“ die Kirche niedergemacht wurde. Besonders die Päpste waren ins Visier der Schreiber geraten. Augstein selbst griff in der Folgezeit mit Kommentaren in die Debatte ein, die „an Plattheit und Niveaulosigkeit kaum mehr zu überbieten“ waren (KNA, 28. Mai 1992). Doch Plattheit regierte auch anderswo in den Redaktionsstuben. Eine Reihe von TV-Magazinen brachte Beiträge über das Geld der Kirchen. Ob „WISO“ im ZDF oder „Monitor“ in der ARD, die Tendenz war überall die gleiche: Die Kirche bereichere sich und gebe ihr Geld kaum für soziale Zwecke aus, hieß es. Diese Kirchensteuerdebatte ging zuungunsten der Kirchen aus, da sich in den Köpfen vieler Journalisten wie auch der Zuschauer die falsche Meinung festgesetzt hatte, die Kirchen würden mit staatlichen Geldern verschwenderisch umgehen. Dies paßte in das Bild, das im Umfeld der Abtreibungsdiskussion von den Kirchen aufgebaut wurde.
Der Streit um den Paderborner Theologen Eugen Drewermann leistete einen zusätzlichen Beitrag, um das Bild von der hartherzigen Kirche zu komplettieren. Die komplizierte theologische Auseinandersetzung wurde in den Medien nicht geführt. Auf 50 oder 60 Druckzeilen läßt sich das Thema Drewermann nicht darstellen. Statt dessen kamen die kurzen Schlagworte Drewermanns über die Hierarchie der Kirche gut zur Geltung. Die politische Niederlage der Christen bei der Abtreibung muß im Zusammenhang mit den anderen kirchenkritischen Themen gesehen werden. Nicht zuletzt die relativ breite anti-christliche Stimmung machte auch viele Journalisten für die Argumente der Christen gegen die Abtreibung taub.
Wo Gutwilligkeit herrschte, wurde zumindest die Rolle der Kirche als moralische Instanz anerkannt. „Die Mahnung der Kirchen etwa, daß dem Leben mehr Werte zugrunde liegen als ein Strafgesetzbuch beinhaltet, bleibt unverzichtbar“, hieß es z. B. in einem Kommentar (Westfalenpost 6. Juni 1992). Die Kirchenkritiker, an vorderster Front Augstein, mochten Christen selbst diese Rolle nicht mehr zubilligen.

Die meisten elektronischen Medien spielten die Bälle weiter, die ihnen von den Politikern zugeschossen wurden. In Interviews konnten Politiker ohne Widerspruch über die Kirche sagen, was sie wollten. Den bekannten Kirchenkritikern, die z. T. schon seit 20 Jahren die gleichen Thesen verkaufen, wurden in Talk-Shows oder Diskussionsrunden Foren geboten. Was die Kirche etwa an sozialen Leistungen erbringt, was all die Ehrenamtlichen in Caritas oder Diakonie tagtäglich für andere Menschen tun oder was die Christen insbesondere für schwangere Frauen und Familien in Notlagen leisten, war für die Berichterstattung nicht geeignet. Alltägliches hat keinen Neuigkeitswert.
Als kurz nach der deutschen Vereinigung der damalige Bischof von Essen, Franz Kardinal Hengsbach, eine Reihe von Chefredakteuren nordrhein-westfälischer Zeitungen zu sich eingeladen hatte, stellten Kirchenvertreter aus dem Ruhrbistum die Haltung der katholischen Kirche zur Abtreibungsproblematik dar. Es kamen im offenen Gespräch alle Aspekte auf den Tisch: die rechtliche Frage, soziale Hilfen, Beratung und vieles mehr. Am Tag nach dem Treffen sagte ein Chefredakteur: „Die Kirche muß weiter tun, was sie tut. Die Kirche muß kämpfen, aber sie hat den Kampf schon verloren." Er sagte dies nicht zuletzt mit Hinweis auf die Stimmung unter seinen Kollegen.
Daß der Kampf in den Medien verloren wurde, hängt zuerst mit dem System der Medien zusammen. „Good news are bad news" ist immer noch ein Leitspruch, nach dem in Redaktionen gearbeitet wird. Dadurch war ein positiver Ansatz in der Berichterstattung kaum zu erreichen. Eine Darstellung der sozialen Hilfen, die Christen gewährleisten, vor jeder Aussage zur rechtlichen Behandlung der Abtreibung zu verlangen, wäre utopisch. Die „schlechte Nachricht", z. B. harte Kritik an Gesetzen oder das Beharren auf einer rechtlichen Mißbilligung der Abtreibung, war eine „gute Nachricht". Verschärft wurde die Situation durch Verkürzungen. Es wurde auf breiter Front in den Medien von Bestrafung der Frau geredet, die tatsächlich in keinem Gesetzentwurf vorhanden war und die auch die Kirchen nicht wollten. Es wurde nicht differenziert zwischen Strafvorschriften für Ärzte oder Frauen. Für die Schlagzeilensprache des Journalismus war die Parole „Hilfe statt Strafe" wie geschaffen.

Journalisten haben die Aufgabe, Zusammenhänge, für die Wissenschaftler ganze Bücher benötigen, in wenige Zeilen zu fassen. Dadurch muß stark vereinfacht werden. Diese Vereinfachung birgt die Gefahr der Manipulation. Deshalb ist der Kampf um den § 218 in den Medien auf den gleichen Feldern verloren worden wie in der politischen Auseinandersetzung. Ein entscheidender Punkt war das Schlagwort „Hilfe statt Strafe".
Darüber hinaus haben es Politiker besser verstanden, sich der Medien zu bedienen. Politiker haben die Thematik bestimmt.
Christen dagegen tun sich mit den Medien und den dort arbeitenden Journalisten immer noch schwer. Journalisten werden vielfach als „Gegner" angesehen und nicht als Menschen, mit denen man reden und zusammenarbeiten kann. So haben Christen, von wenigen Ausnahmen abgesehen, zu wenig das Gespräch mit Journalisten in der Abtreibungsfrage gesucht. Hintergrundgespräche und ausführliche Informationen waren eher die Ausnahme. Christen haben es noch nicht gelernt, sich den Spielregeln der modernen Medienlandschaft anzupassen, weder vom Stil her noch sprachlich. Wer seine Position in den Medien dargestellt haben möchte, der muß den Anforderungen, die heute gestellt werden, genügen, ob ihm dies nun gelegen ist oder nicht. Vornehme Zurückhaltung, wissenschaftlich begründete Aussagen und eine z. T. hölzerne Sprache sind nicht das, was Journalisten für die Berichterstattung brauchen.
„Facts and Figures" suchen die Medien, wobei die Figuren noch wichtiger sind als die Fakten. Gerade aber an Personen, welche die Fakten an die Frau oder den Mann brachten, mangelte es unter Christen. In der Abtreibungsdebatte fehlten auf christlicher Seite vor allem Frauen, die die christlichen Positionen vermitteln konnten. In der Kirchensteuer-Diskussion mangelte es an „mediengerechten" Fachleuten, ebenso in der Auseinandersetzung um Drewermann. Dabei ist der Mangel nicht einmal objektiv vorhanden; vielfach herrscht unter Christen eine Abneigung gegen „die Medien", weil diese Christen und Kirchen „ohnehin nur in die Pfanne hauen" wollen.
Besonders schwer tun sich Christen mit den neuen Formen des Journalismus, die von den privaten Fernseh- und Radiosendern hervorgebracht wurden. „Heiße Stühle" sind nicht Sache der

Christen, die einen gepflegten Umgangston haben. Solche Sendungen aber verfehlen ihre Wirkung nicht.
Angesichts der Probleme, die Christen mit Medien haben (oder sich teilweise selbst mit Medien machen), war es abzusehen, daß die Auseinandersetzung um die Abtreibung in den Medien früh verloren war. Die Christen haben sich das Heft von den Befürwortern der „Fristenlösung“ aus der Hand nehmen lassen. Gewiß hatten manche anti-kirchlichen Kampagnen in Zeitungen oder Fernsehsendungen ihren Anteil daran. Die insgesamt geringe Vermittlung christlicher Positionen in den Medien jedoch hat Ursachen, die Christen auch bei sich selbst suchen müssen.

5. Innerchristliche Schwierigkeiten

Am 30. November 1989 veröffentlichten der Rat der Evangelischen Kirche in Deutschland und die Deutsche Bischofskonferenz die gemeinsame Erklärung „Gott ist ein Freund des Lebens“. Die Kirchen machten darin über die konfessionellen Grenzen hinweg nicht nur die Gefährdungen des Lebens deutlich, sondern bezogen klare Positionen zum Schutz des Lebens. Dieser Erklärung schlossen sich alle Mitglied- und Gastkirchen der Arbeitsgemeinschaft christlicher Kirchen in der Bundesrepublik Deutschland und Berlin (West) an. Die Zustimmung reichte von der Griechisch-Orthodoxen Metropolie über die Altkatholiken und Mennoniten bis zu Quäkern und Heilsarmee.
Die nach zweieinhalbjähriger Beratung veröffentlichte Erklärung war der bisher umfangreichste Text christlicher Kirchen in Deutschland zur Frage des Lebensschutzes. Der Text beinhaltete die Bereiche der Gefährdungen des Lebens, von der Umweltzerstörung über den Straßenverkehr und die Sucht bis hin zu Abtreibung und Euthanasie. Die Aussagen zu diesen Bereichen fanden ihre Begründung in der Bibel. „Gott ist ein Freund des Lebens“ war eine gemeinsame Positionsbeschreibung der Christen, ein eindeutiges Bekenntnis zum Schutz des Lebens in jeder Phase und in jeder Situation. Leider muß an dieser Stelle „war“ gesagt werden, denn von der Erklärung rückten

vor allem evangelische Christen immer weiter ab, ohne die Zustimmung offiziell aufzukündigen.
Schon kurz nach der deutschen Einigung machten sich in der evangelischen Kirche Probleme bemerkbar. Während die katholische Kirche zur Zeit der deutschen Teilung die Einheit nie aufgegeben hatte, hatten sich die evangelischen Kirchen in der ehemaligen DDR verselbständigt. Dadurch kam auf die evangelische Kirche nach der staatlichen Einigung die Frage der kirchlichen Wiedervereinigung zu. Diese wurde zwar erreicht, aber sie blieb nicht ohne Auswirkung auf bestimmte inhaltliche Positionen, z. B. den Schutz des ungeborenen Lebens.
Anfang September 1990 verabschiedete die Konferenz der evangelischen Kirchenleitungen der DDR eine Erklärung, in der sie sich zwar deutlich gegen Abtreibungen aussprach, aber zugleich strafrechtliche Regelungen ablehnte.
Im März 1991 wurde bekannt, daß die Evangelische Kirche in Deutschland (EKD) und der evangelische Kirchenbund in der Ex-DDR an einer Stellungnahme zur neubelebten Diskussion um den § 218 arbeiteten. Eine Kommission war mit je sechs Vertretern aus den alten und den neuen Bundesländern besetzt. Die Theologin Christiane Markert-Wizisla von der Berliner Humboldt-Universität machte deutlich, worauf die evangelischen Christen aus dem Osten Wert legten: Sie sprach sich für die in den neuen Ländern praktizierte „Fristenlösung“ aus.
Fast gleichzeitig deutete sich auch im Westen eine Wende innerhalb der EKD an. Ein Ausschuß der bayerischen Landessynode empfahl, Abtreibung aus dem Strafgesetzbuch herauszunehmen und in einem „Gesetz zum Schutz des werdenden menschlichen Lebens“ zu verankern. Abtreibung sei zwar Tötung menschlichen Lebens, jedoch müsse die letzte Entscheidung in Konfliktsituationen bei der Frau liegen. Die Erklärung wurde von der Synode in Rosenheim verabschiedet, blieb aber umstritten. So distanzierte sich der Arbeitskreis bekennender Christen von dem Text und betonte, die Bibel sage nirgendwo, daß der Ausweg aus einer Notsituation die Tötung eines Menschen sei. Der bayerische Landesbischof Johannes Hanselmann ging ebenfalls auf Distanz zum Synodentext.

Trotz vereinzelter Kritik an Aussagen zugunsten der „Fristenlösung“ innerhalb der EKD zeichnete sich eine Abkehr der evangelischen Kirche von gemeinsamen Positionen ab, wie sie der EKD-Ratsvorsitzende Bischof Martin Kruse und der Vorsitzende der Deutschen Bischofskonferenz, Bischof Karl Lehmann, am 23. August 1990 manifestiert hatten. In der Erklärung wurde noch einmal auf „Gott ist ein Freund des Lebens“ Bezug genommen. Es hieß, es wäre „verhängnisvoll, Aufgaben und Möglichkeiten der Rechtsordnung beim Schutz des ungeborenen Lebens zu vernachlässigen.“ Kruse und Lehmann betonten: „Auch das Mittel des Strafrechts soll dem Schutz menschlichen Lebens dienen.“

Mit der gemeinsamen Erklärung der EKD und des evangelischen Kirchenbundes in der ehemaligen DDR kam es zu einem ersten Einbruch in die bisher einhellige Meinung christlicher Kirchen. Die beiden Kirchenbünde betonten zwar, daß es „kein Recht auf Abtreibung“ geben dürfe und daß die Rechtsordnung auch in Zukunft Abtreibung mißbilligen müsse. Aber der Text hielt die kontroversen Auffassungen ausdrücklich fest mit den Worten: „Über die konkrete rechtliche Gestaltung bestehen unter uns unterschiedliche, ja gegensätzliche Auffassungen.“

Damit war innerhalb der evangelischen Kirchen klargestellt, daß die „Fristenlösung“ für evangelische Christen ein möglicher politischer Weg war. Es waren fast nur noch die Evangelikalen und konservative Protestanten, die für den rechtlichen Schutz des ungeborenen Lebens im Rahmen einer Indikationsregelung eintraten. Wie sehr die evangelischen Kirchen sich in Richtung „Fristenregelung“ bewegt hatten, zeigte die Reaktion der Bonner Parteien auf die Erklärung. Vor allem SPD und FDP sahen sich in ihren Positionen durch das Kirchenwort bestätigt.

Ein positiver Aspekt der Erklärung kam in den Berichten darüber kaum zum Tragen. Die evangelischen Kirchen hatten sich einmütig gegen die Kassenfinanzierung von Abtreibungen ausgesprochen. Daß auch diese Position keine geschlossene Unterstützung fand, machte Dr. Hildburg Wegener von der Evangelischen Frauenarbeit deutlich. Sie bezeichnete diese Forderung als „eigentlichen Skandal“. In einem Kommentar für die „evangelische information“ (26/91) schrieb Frau Wegener: „Ich glaube, daß die Frauen in der Kirche geschlossen gegen diesen unchristlichen und frauenfeindlichen Gedanken aufstehen werden.“

Innerhalb der evangelischen Kirchen trat der Dissens im Laufe der Diskussion immer offener zutage. „Nachdem die badische Synode der Indikationsregelung der Fristenregelung gegenüber einen relativen Vorrang eingeräumt, die Synode der nordelbischen Kirche sich aber mehrheitlich für die Fristenregelung ausgesprochen hatte und auch Frauenverbände und Theologinnen der Evangelischen Kirche in Hessen und Nassau eine Indikationsregelung abgelehnt hatten, da sie ‚Würde und Entscheidungsrecht der Frau bei der Fristenregelung deshalb bewahrt‘ sehen, wird es einen protestantischen Konsens in der Frage des Schwangerschaftsabbruches nicht geben“, stellte die FAZ fest (27. 11. 1991). Aufgrund dieses Auseinanderdriftens der evangelischen Kirchen war eine weitere gemeinsame Stellungnahme von katholischer und evangelischer Kirche unmöglich. Die EKD war – von einzelnen Stimmen wie dem ehemaligen Kirchentagspräsidenten Jürgen Schmude abgesehen – nicht mehr zu einem eindeutigen Votum in der Lage. Nach einer Klausurtagung im Mai 1992 räumte der neue EKD-Ratsvorsitzende Klaus Engelhardt ein, daß es im Hinblick auf strafrechtliche Konsequenzen unterschiedliche Positionen gebe. Einig war sich die EKD nur darin, daß eine Abtreibung immer Tötung ungeborenen Lebens sei.

Nachdem sich Bonner Politiker auf den Gruppenantrag geeinigt hatten, ergab eine Umfrage der „evangelischen information“ (22/92) unter führenden Protestanten in der Ex-DDR, daß eine breite Zustimmung für die „Fristenlösung“ vorhanden war. Kritik gab es an der Pflichtberatung und an der grundsätzlichen Strafandrohung. Der evangelischen Kirche im Osten ging selbst dieses Gesetz nicht weit genug.

Nach seiner Verabschiedung begrüßte der EKD-Ratsvorsitzende Engelhardt das Gesetz, wenn auch zurückhaltend. Deutlicher wurde der Essener Stadtsuperintendent Heinrich Gehring, der in einer Stellungnahme schrieb, er befürworte die Entscheidung des Bundestages, in der „in den ersten drei Schwangerschaftsmonaten Straffreiheit zugesichert wird, wenn die Entscheidung der Frau in einer Konfliktsituation für einen Abbruch ausfällt."

Während sich die evangelische Kirche – ähnlich der CDU – in der Abtreibungsfrage auflöste, herrschte unter katholischen Christen große Einmütigkeit. Die Verbände, vom Zentralkomitee über den Familienbund, die Katholische Arbeitnehmer-Bewegung, den Verband katholischer Lehrerinnen und das Kolping-Werk bis hin zu diözesanen Organisationen, sprachen sich ebenso einmütig für einen rechtlichen Schutz des ungeborenen Lebens aus wie die Bischöfe. Irritationen gab es lediglich, als die Vorsitzende der katholischen Frauengemeinschaft (kfd), Irmgard Jalowy, sich positiv zum „dritten Weg" von Rita Süßmuth äußerte und im Herbst 1990 die kfd-Delegierten die Zustimmung zu einer Erklärung des Zentralkomitees verweigerten. Nicht zuletzt aufgrund massiver Proteste der Basis gegen das Wort der kfd-Präsidentin Jalowy zum Süßmuth-Vorschlag stellte der Verband in einem Faltblatt klar: „Strafrechtliche Konsequenzen klagen wir mit vielen Frauen ein, wenn es um Vergewaltigung geht, um sexuellen Mißbrauch, um Prostitutionstourismus, um Heiratshandel. Dies fordern wir auch mehr als bisher im Blick auf die Zerstörung der Umwelt. Diesen Schutz müssen wir erst recht dem ungeborenen Leben zugestehen."

Gegensätzliche Positionen innerhalb der katholischen Kirche gab es vor allem zur Frage der Beratung. Es wurde intensiv diskutiert, ob die katholische Kirche unter den Bedingungen einer „Fristenregelung" schwangere Frauen weiter beraten könne. Dabei wurde nur wenig unterschieden zwischen rein kirchlicher Beratung an sich und der Beratung innerhalb des staatlichen Systems, also mit staatlicher finanzieller Unterstützung und der Verpflichtung, Beratungsbescheinigungen auszustellen.

Doch auch dort, wo diese Unterscheidung getroffen wurde, gab es Meinungsverschiedenheiten. Jene, die schon gegen die kirchliche Beratung unter dem geltenden § 218 in der Bundesrepublik protestiert hatten, machten sich jetzt wieder für den Ausstieg aus der staatlich finanzierten Beratung für den Fall einer „Fristenlösung" stark. Der Philosophie-Professor Robert Spae-

mann argumentierte, die Tatsache, daß die soziale Indikation längst zu einer verkappten Fristenlösung geworden sei, hätte der Bischofskonferenz schon Gelegenheit gegeben, eine falsche Entscheidung zu revidieren. „Die nun geplante offizielle Einführung der Fristenlösung würde es den Kirchen ohne allzu großen Gesichtsverlust ermöglichen, die Legitimierungs- und Alibifunktion ihrer Beratungsstellen aufzugeben und einen neuen Anfang zu machen. Die sofortige Weigerung, ihre bisherige Rolle im gesetzlichen Abtreibungssystem weiterzuspielen, wäre im übrigen das einzige wirksame Mittel, den Staat – durch Entzug des Alibis – dazu zu nötigen, seiner eigenen verfassungsmäßigen Pflicht zum Schutz des menschlichen Lebens nachzukommen", betonte Spaemann (FAZ, 27. Mai 1991).
Zu solchen Positionen gab es zahlreiche Gegenstimmen. Der Moraltheologe Johannes Reiter betonte, je freizügiger die Gesetzgebung in Sachen Schwangerschaftsabbruch sei, desto dringlicher sei die Tätigkeit katholischer Beratungsstellen im Rahmen der staatlich anerkannten Beratungsarbeit. Die Teilnahme an einem Beratungsgespräch stehe zwar eng mit der Abtreibung in Verbindung, meinte der Berater der Bischofskonferenz, doch er fügte hinzu: „Wenn man aber die Chancen kirchlicher Beratung nutzen will, ist diese mögliche Konsequenz im Sinne einer Güterabwägung in Kauf zu nehmen" (KNA, 19. April 1991). Die Auseinandersetzung zog sich fast während der gesamten Diskussion um die Abtreibung hin. Die offizielle Ankündigung des Ausstieges aus der Beratung durch den Vorsitzenden der Deutschen Bischofskonferenz, Bischof Karl Lehmann, erfolgte am 10. Juni, 15 Tage vor Verabschiedung des Gesetzes. Der Bischof betonte, die katholischen Beratungsstellen könnten sich in das im Gruppenantrag vorgesehene Verfahren nicht einbinden lassen. Die „Pflichtberatung" sei nur noch eine Karikatur dessen, was Beratung wirklich sein solle. Die Auseinandersetzung unter Katholiken über die Beratung hat sich möglicherweise auf die politischen Entscheidungen negativ ausgewirkt. Die Katholiken, die lange gegenüber der CDU geschwiegen hatten, hätten schon zu Beginn der Abtreibungsdiskussion nach der deutschen Einigung die Bedingungen erläutern müssen, unter denen sie sich auf keinen Fall mehr am staat-

lichen Beratungssystem beteiligen würden. Eine solche klare Aussage hätte ein politisches Signal sein können, zumal der Staat auf die konfessionellen Beratungsstellen angewiesen ist.
Wesentlicher als der Beratungsstreit war für die politische Entscheidungsfindung das Auseinanderfallen der evangelischen Kirche in der Abtreibungsfrage. Auf evangelische Positionen und Erklärungen konnten sich die Befürworter der „Fristenregelung“ berufen. Es war durch die evangelische Kirche im Osten wie auch Teile der EKD im Westen Deutschlands für Christen möglich geworden, den rechtlichen Schutz des ungeborenen Lebens aufzugeben. Christen hatten sich unter diejenigen eingereiht, die das Selbstbestimmungsrecht höher einstuften als das Lebensrecht eines anderen, auch wenn das Wort „Selbstbestimmung“ nur wenig verwendet wurde.
Für Christen galt 1992 nicht mehr uneingeschränkt, was gut zwei Jahre zuvor in „Gott ist ein Freund des Lebens“ festgeschrieben worden war: „Auch durch das Strafrecht zeigt die staatliche Rechtsordnung an, welchen Rang sie den einzelnen geschützten Rechtsgütern zumißt. Deshalb besteht auch grundsätzlich eine Wechselwirkung zwischen dem Strafrecht und dem Rechtsbewußtsein der Staatsbürger. Diese Wechselwirkung ist zwar bei den verschiedenen Rechtsgütern und den sie bedrohenden Eingriffen unterschiedlich stark, sie muß aber beim Schutz des Lebens als des höchsten Rechtsgutes besonders sorgsam beachtet werden.“
Eine solche gemeinsame Position aller Christen existiert heute nicht mehr. Vor allem evangelische – aber auch katholische – Christen haben den ethisch-moralischen Konsens aufgekündigt und politisch Position für die „Fristenlösung“ bezogen. Fast resignativ muß man feststellen, daß eine gemeinsame Erklärung der christlichen Kirchen zum Schutz des ungeborenen Lebens nicht mehr möglich ist. Die bange Frage lautet, ob das nächste Kapitel aus „Gott ist ein Freund des Lebens“, bei dem die Einigkeit enden wird, die Stellungnahme zur Euthanasie sein wird.

III. Die Zukunft der Christen in pluralistischer Gesellschaft

– Sieben Thesen –

1. Christen müssen sich in der pluralistischen Gesellschaft befähigen wie auch befähigt werden, gegen den Strom zu leben. Ob dies gelingt, wird zur Überlebensfrage der Christen.

Der Münchener Professor Hans Maier wagte einmal die Behauptung, daß die Christen ihre Haltung gegenüber den modernen Totalitarismen rascher und eindeutiger bestimmt haben als gegenüber dem pluralistisch-demokratischen Staat. Dies sei auch kein Wunder. Denn der totalitäre Staat sei für Christen eine Herausforderung. „Der pluralistisch-demokratische Staat jedoch zeigt kein ähnlich scharf umrissenes Bild – sein Umriß ändert sich im Auf und Ab der Politik, der Wahlergebnisse und Mehrheitsentscheidungen. Dieser Staat gibt Glauben und Gewissen frei, und er schützt diese Freiheit – doch geht er zum Freigegebenen keine näher bestimmbare positive Beziehung ein", meinte Maier (Essener Gespräche, Bd. 25).
Was Maier zum pluralistischen Staat sagte, gilt mehr noch für die pluralistische Gesellschaft. Auch sie hat keine näher bestimmbare Beziehung zum Glauben, dessen freie Ausübung sie zwar noch gewährleistet, den sie aber nicht fördert. Die pluralistische Gesellschaft in Deutschland wird immer mehr entchristlicht. Vieles deutet darauf hin, daß der Theologe Karl Rahner mit seiner Vorhersage recht behält, Deutschland werde ein „heidnisches Land mit christlicher Vergangenheit". Die Gesellschaft bewegt sich immer mehr in Richtung „persönliche Freiheit" und „Selbstbestimmung", wobei der Freiheitsbegriff der Gesellschaft auf einen ausgeprägten Liberalismus in jeder Beziehung hinausläuft.
In einer Studie des Demoskopischen Institutes Allensbach wird diese Entwicklung der vergangenen Jahre deutlich:
War es 1974 mit 48 Prozent nicht die Hälfte der Deutschen, die das eigene Glück als Lebensziel nannte, so waren es 1988 bereits

zwei Drittel. In einer solchen Gesellschaft zu leben, ist für Christen in der Tat nicht leicht. Die vielfältigen Angebote dieser Gesellschaft sind auch für Christen verlockend. Widerstand, wie in einem totalitären System, scheint oftmals unnötig. Vielfach gehen Entwicklungen in der Gesellschaft so schleichend voran, daß die negativen Auswirkungen zu spät gesehen werden. Der verstorbene Essener Kardinal, Franz Hengsbach, meinte einmal, drastisch ausgedrückt, müsse man sagen, daß es Christen unter der Nazi-Herrschaft in gewissem Sinne „einfacher" gehabt hätten. Die Gegnerschaft zum Hitler-Regime habe die Christen zusammengeschweißt. Der Pluralismus in der Bundesrepublik begünstige jedoch die Verdunstung des Glaubens.

Aufgrund der Entwicklungen in den vergangenen Jahren – besonders im Osten Europas – ist es sicher keine falsche Prognose, daß die Zukunft dem pluralistischen, demokratischen Staat und der pluralistischen Gesellschaft gehört. Deshalb wird es für die Zukunft der Christen wie des Christentums von existentieller Bedeutung, wie Christen ihr Leben in der pluralistischen Gesellschaft gestalten, wie sie den Verlockungen, die diese Gesellschaft bietet, und wie sie den Möglichkeiten, die dieser Staat bereithält, zu widerstehen vermögen. Für Christen wird es darauf ankommen, das breite Sortiment der Freiheiten in Staat und Gesellschaft nicht voll zu nutzen. Die Freiheiten müssen sich an christlichen Maßstäben messen lassen. Christen werden zu anderen Ergebnissen bei der Bewertung der Möglichkeiten im Pluralismus kommen als Nichtchristen. Für Christen gelten andere Gebote.

Die Bergpredigt zählt mehr als staatliche Gesetze oder gesellschaftliche Normen. Dabei geht es nicht darum, Gesetze zu brechen, sondern es geht darum, „liberale" Gesetze nicht auszuschöpfen.

In der Frage der Abtreibung z. B. hat der Staat weitgehende Möglichkeiten zur Tötung menschlichen Lebens geschaffen. Für Christen war die Entscheidung des Bundestages, des Bundesrates wie des Verfassungsgerichtes eine bittere politische Niederlage. Eine moralische Niederlage aber muß es nicht sein, wenn es Christen gelingt, ihr persönliches Leben nicht an diesem Gesetz, sondern am Gebot Gottes auszurichten, das lautet: Du sollst nicht töten.

Christen sind aufgefordert, ihre persönliche Entscheidung gegen die Abtreibung zu treffen. Die Tötung ungeborener Kinder kann für Christen keine Möglichkeit der Problemlösung sein. Konflikte, die durch eine ungewollte Schwangerschaft entstehen können, müssen auf andere Weise gelöst werden als durch Töten. Für Christen wird es immer mehr darauf ankommen, Wege zur Rettung menschlichen Lebens zu finden. Dies betrifft den persönlichen Lebensbereich ebenso wie das gesellschaftliche Umfeld. Die Möglichkeiten des Engagements für das Leben sind groß. Dazu gehören in erster Linie die ideelle und finanzielle Unterstützung derer, die in Not sind. Es muß die Bereitschaft zur Adoption ebenso geben wie den Willen, als Pflegeeltern ein Kind aufzunehmen. Die Möglichkeiten für den einzelnen Christen sind sehr unterschiedlich. Jeder sollte nach seinen Kräften Wege der Hilfe für den Erhalt des Lebens suchen.

Die Gemeinschaft der Christen, die Kirche, muß mit gutem Beispiel vorangehen. Die 22 Diözesen in den alten Bundesländern haben seit 1975 über 100 Millionen Mark aus diözesanen Hilfsfonds an Mütter in Not- und Konfliktsituationen vergeben. Gerade unter den Bedingungen der „Fristenlösung" müssen die Hilfen weiter ausgebaut werden. Je größer die Möglichkeit zur Tötung ist, die der Staat schafft, desto mehr muß die Gemeinschaft der Christen dieser Option für die Tötung mit praktischer Hilfe begegnen.

Was alle Christen leisten können, ist, durch ihr persönliches Leben und Verhalten ein Klima zu schaffen, in dem Kinder und Familien leben können. Dies gilt nicht zuletzt für Alleinerziehende. Christen sollen nicht nur tolerant sein gegenüber Müttern oder Vätern, die ihre Kinder allein aufziehen, sondern diese auch unterstützen. Da Staat und Gesellschaft mit der Freigabe der Tötung ungeborener Kinder den Weg für die vermeintlich einfachste Lösung freigemacht haben, wird es um so schwerer sein, mit christlichem Verhalten gegenzusteuern. Christen müssen jedoch für sich persönlich entscheiden, wie sie nach außen hin deutlich machen, daß die gesetzlichen Möglichkeiten keine moralische oder ethische Legitimation haben. Christen dürfen sich nicht damit abfinden, daß dem Leben Fristen gesetzt werden.

Ähnliche persönliche Entscheidungen gegen den Trend sind nötig, wenn es um die Ehe geht. Wenn der Staat die Scheidung erleichtert, wenn Ehebruch gesellschaftsfähig ist, dann heißt dies für Christen nicht, diese Möglichkeiten ebenfalls zu nutzen. Sie müssen vielmehr einen Gegenpol bilden. Jesus hat in der Bergpredigt das Gebot „Du sollst nicht die Ehe brechen" bekräftigt und hinzugefügt: „Wer eine Frau auch nur lüstern ansieht, hat in seinem Herzen schon Ehebruch mit ihr begangen" (Mt 5,27-28). Für Christen ist dies eine hohe Verpflichtung. Die Ehe ist nicht nur weltlicher Bund, sondern Sakrament, das es zu leben gilt. Bedingungslose Treue zum Partner oder zur Partnerin ist unabdingbare Voraussetzung für ein christliches Eheleben. Christen müssen dem Zeitgeist der Bindungslosigkeit widerstehen. Eine persönliche Entscheidung, nicht jede staatlich und gesellschaftlich mögliche Freiheit zu nutzen, ist gefordert. Die Unauflöslichkeit der Ehe und die Heiligkeit der Familie sind christliche Werte, die nicht auf dem Altar des Liberalismus geopfert werden dürfen.

Eine christliche Ehe zu leben, bedarf nicht nur der eigenen Standhaftigkeit. Christen bedürfen auch der Stütze und gegenseitiger Hilfe. Der Erhalt der christlichen Ehe und Familie ist ein Grundstein für den Erhalt des Christentums. Die Familie ist die Kirche im kleinen. Deshalb muß die Gemeinschaft der Christen alles in ihren Kräften Stehende tun, um Ehe und Familie zu stärken. Gerade junge Familien, die im Aufbau sind, benötigen Unterstützung. Christliche Familiengruppen, Familienberatung und spezielle Angebote von Pfarrgemeinden für Familien können hilfreiche Elemente sein. In Zusammenarbeit mit jungen Familien gilt es darüber hinaus, neue Formen der Ehe- und Familienbegleitung zu finden. Jene, die die Ehe als Sakrament begreifen und leben wollen, müssen in ihrer Auffassung bestärkt werden. Sie sollen erfahren können, daß sie nicht allein stehen. Denen, die unsicher geworden sind, muß Hilfe zuteil werden.

Patentrezepte, die auf alle Ehen und Familien anzuwenden sind, gibt es nicht. Das wichtigste ist, daß Christen das Gespräch mit

Eheleuten und Familien suchen, daß sie sich darum kümmern, wenn sie von Schwierigkeiten erfahren. Zwar müssen Christen anerkennen, daß es die Möglichkeit menschlichen Scheiterns immer gibt, auch in der Ehe. Aber das Reden vom Scheitern darf nicht vorherrschend sein, so daß der Eindruck entsteht, das Scheitern sei die Norm. Die Norm für Christen sind Bindung und Treue.

Die Versuchung, die Moral dem lockeren Trend anzupassen, ist sicher auch für Christen groß. Die liberale Gesellschaft bietet viele Möglichkeiten. Gerade im Bereich von Ehe, Familie und Sexualität gibt es Freiheiten, die heute größer sind als je zuvor. Auf der anderen Seite suchen viele Menschen das Glück der Liebe, suchen Treue und Halt beim Partner. Diese Chance gilt es zu nutzen.

Die liberalen Möglichkeiten sind dabei nicht nur als Gefahr, sondern auch als Chance zu betrachten. Kardinal Franz Hengsbach gebrauchte dafür einmal ein schönes Bild: Nicht der Baum, der geschützt in der Mitte des Waldes steht, wird kräftig, sondern der Baum, der am Waldrand den Stürmen ausgesetzt ist.

In christlicher Haltung den Stürmen der Zeit ausgesetzt sein, ohne ihnen zu erliegen, ohne zu zerbrechen, kann Christen zu Bollwerken gegen die negativen Folgen des Zeitgeistes werden lassen. Dies erfordert ein eindeutiges Bekenntnis.

Das Bekenntnis des Christen drückt sich am deutlichsten im Gebet aus. Zum Gebet gehört das Vertrauen auf Gott. Die Möglichkeit, Gott bitten zu können, mit Gott zu reden, macht das Christsein wesentlich aus. Leider haben Christen vielfach verlernt, auf die Kraft des Gebetes zu vertrauen. Viele neigen in der modernen Gesellschaft dazu, eher an das menschlich Machbare, an das Planbare und an die Wissenschaft zu glauben als an Gottes Fügung. Je mehr der Mensch sich aber dem materialistischen Denken nähert, desto weiter entfernt er sich von Gott. Wer dagegen auf die Worte Jesu „Bittet, dann wird euch gegeben" vertraut, ist keineswegs weltfremd. Er setzt allenfalls andere Prioritäten als jene, die ihr Leben nur in die eigene Hand nehmen wollen und Gottes Hand außen vorlassen. Er baut nicht auf den Menschen als „Macher", sondern auf Gott als Schöpfer und Bewahrer.

Christen müssen deshalb immer wieder neu lernen, zu beten und auf die Kraft des Gebetes zu vertrauen. Das Gebet am Morgen, das Tischgebet wie das Abendgebet sollten ebenso fester Bestandteil im täglichen Leben sein wie das Stoßgebet. Das Gebet ist zugleich Bekenntnis nach außen. Ein Pfarrer sagte einmal, früher hätten sich die Kinder, die nicht in der Schulmesse waren, vor der Kirche schnell unter die aus dem Gotteshaus kommenden Jungen und Mädchen gemischt, damit nicht auffalle, wer nicht in der Kirche war. Heute dagegen würden sich die Kinder, die aus der Kirche kommen, rasch unter die mischen, die vom Schulbus kommen, damit nicht auffalle, daß sie in der Kirche waren. Dieses Beispiel zeigt, wie schwer es für Christen geworden ist, sich zum Gebet zu bekennen.
Jesus sagt zwar: „Wenn ihr betet, macht es nicht wie die Heuchler. Sie stellen sich beim Gebet gern in die Synagogen und an die Straßenecken, damit sie von den Leuten gesehen werden.“ Dies bedeutet jedoch nicht, daß sich Christen verstecken sollen, wenn sie ihren Glauben ausüben. Das Tischgebet in einem Restaurant zu sprechen, ist keine Heuchelei, wenn das Gebet auch sonst zum Essen gehört. Christen müssen lernen, sich mit ihren Gebeten nicht nur in großen Gruppen wie beim Gottesdienst oder bei Prozessionen zu „verstecken“, sondern das Gebet auch im Kleinen, in der Familie oder alleine, zu pflegen. Dies kann jeder für sich selbst einüben. Aber es sind sicher Hilfen nötig. So sollte das Gebet bei Zusammenkünften von Christen selbstverständlich dazugehören. Das „Jahr mit der Bibel“ hat in dieser Hinsicht zu Aufbrüchen geführt, die weitergeführt und ausgeweitet werden müssen.
Die größte Versuchung in der pluralistischen Gesellschaft, auch für Christen, ist das Streben nach irdischem Reichtum. Die Vergötterung von Geld und Besitz hat in die Christenheit Einzug gehalten. Christen sind laut Umfragen in ihren wirtschaftlichen Erwartungen nicht optimistischer als Atheisten. Die Gläubigen sehen ebenso schwarz in die Zukunft wie Ungläubige. Die Worte Jesu, Schätze nicht hier auf Erden anzuhäufen, sondern im Himmel, scheinen bei Christen nicht mehr „in“ zu sein. Christen jedoch können „nicht beiden dienen, Gott und dem Mammon“ (Mt 6,24). Der Vorrang gebührt Gott. Zwar müssen

Christen für ihren Lebensunterhalt sorgen. Sie haben ebenfalls ein Anrecht auf Wohlstand. „Nicht das Verlangen nach einem besseren Leben ist schlecht, sondern falsch ist ein Lebensstil, der vorgibt, dann besser zu sein, wenn er auf das Haben und nicht auf das Sein ausgerichtet ist", wie Papst Johannes Paul II. in seiner Enzyklika „Centesimus Annus" schreibt (Nr. 36). Die Abkehr vom Materialismus bedeutet nicht völligen Verzicht und ein Leben in Armut, sondern das Leben nach einer anderen Rangordnung als der der übrigen Gesellschaft. In dieser Lebensform müssen sich Christen gegenseitig bestärken. Für den einzelnen ist es in einer konsumorientierten Gesellschaft kaum möglich, gegen den Trend zu leben. Eine Gruppe kann sich dagegen festigen, den äußeren Zwängen nicht nachzugeben und Entscheidungen gegen den Konsum zu treffen.
Dies betrifft nicht zuletzt den Konsum der Medienangebote. Auf kaum einem Sektor wird der Pluralismus der Gesellschaft so deutlich, wie auf dem Medienmarkt. In kaum einem anderen Bereich ist die persönliche Entscheidung gegen den Massenkonsum wichtiger. Es gilt, bestimmte Blätter nicht zu lesen. Zeiten füreinander in der Ehe oder Familie sollten frei von Medienberieselung gehalten werden. Christen müssen sich durch die Medien informieren, sie sollen sich unterhalten lassen, aber sie sollten in der Lage sein, unbegrenztem Medienkonsum eine Absage zu erteilen.
Für Christen kann es in der pluralistischen Gesellschaft nie den einfachsten Weg geben. Der leichte Weg ist, mit dem Strom zu schwimmen und die Möglichkeiten der pluralistischen Gesellschaft zu nutzen. Dagegen müssen Christen für sich persönlich wie auch in der Gemeinschaft der Christen eigene Akzente setzen. Christen müssen eine Art inneren Widerstand aufbauen, um in der pluralistischen Gesellschaft wie in dem von dieser Gesellschaft geprägten Staat leben zu können.
Ein Christ ist immer zuerst Christ und dann Staatsbürger. Deutlich werden sollte dies im gesellschaftlichen wie politischen Verhalten.
Ein Beispiel ist das Verhalten Flüchtlingen gegenüber. Die Aufnahme von Flüchtlingen ist Christenpflicht. Diese Verpflichtung ist in der Bibel begründet. Schon im Alten Testament heißt

es: „Wenn bei dir ein Fremder in eurem Land lebt, sollt ihr ihn nicht unterdrücken. Der Fremde, der sich bei euch aufhält, soll euch wie ein Einheimischer gelten, und du sollst ihn lieben wie dich selbst“ (Lev 19,33f.). Die Heilige Familie wurde politisch verfolgt, da Herodes um seine Macht fürchtete. Jesus, Maria und Joseph mußten nach Ägypten fliehen und fanden dort Unterschlupf (Mt 2,13-15).
Jesus selbst hat dazu aufgefordert, Fremde aufzunehmen, als er sagte: „Ich war fremd und obdachlos, und ihr habt mich aufgenommen.“ (Mt 25,35). Schließlich waren die ersten Christen ständig der Verfolgung aus religiösen Gründen ausgesetzt und auf Asyl angewiesen. Diese Tradition verpflichtet. Deshalb müssen Christen sich für die Aufnahme von Flüchtlingen einsetzen, auch wenn der Staat zu anderen Beschlüssen kommt. Vorbehalte gegen Flüchtlinge sollte es unter Christen nicht geben.
Für Christen stellt sich in erster Linie nicht die Frage, was der Staat und die Gesellschaft verlangen. Christen müssen sich vielmehr fragen, wie sie die Aufforderung Jesu, für die Geringsten einzutreten, befolgt haben.
Die Wohlstandsgesellschaft bringt immer mehr Randgruppen hervor, die auf christliche Nächstenliebe angewiesen sind. Im Einsatz für diese Randgruppen können Christen ihr Christsein bezeugen. Pluralistischer Staat und Gesellschaft neigen dazu, die Gruppen mit starken Lobbys zu bevorzugen. Sie geben mächtigen Gruppeninteressen auf Kosten der Schwachen nach. Deshalb müssen die Christen Lobby der Schwachen sein. Denn „was ihr für einen dieser Geringsten nicht getan habt, das habt ihr auch mir nicht getan“ (Mt 25,45).
Ein wesentlicher Prüfstein für christliches Leben in der pluralistischen Gesellschaft ist die Gestaltung des Sonntages. Der Sonntag ist in der Gesellschaft immer mehr von Auflösungserscheinungen betroffen. Er wird zudem durch den Staat nicht mehr hinreichend geschützt. Der Sonntag ist für Christen der Tag des Herrn. Als solchen gilt es den Sonntag zu retten. Wenn der Sonntag in seiner fundamentalen Heiligkeit wahrgenommen wird, „kann er nicht gegen den Montag oder Dienstag eingetauscht werden und steht er als Tauschobjekt nicht zur Disposition“, wie Kurt Koch schreibt (Ist der Sonntag noch zu ret-

ten?). Koch kommt zu dem logischen Schluß, daß alle Gebote Gottes ins Wanken kommen, wenn eines – erst recht dasjenige der Heiligung des Sonntages – herausoperiert wird.
Auch Christen scheinen heute vielfach den Versuchungen der pluralistischen Sonntagsgestaltung zu erliegen. Sie machen sich wenig Gedanken darüber, wie der Sonntag christlich gestaltet werden kann. Christen stehen zudem unter den Zwängen, daß sie z. B. als Arbeitnehmer am Sonntag arbeiten müssen. Von diesem Zwang können sie sich nicht befreien. Dennoch ist es möglich, eine christliche Sonntagskultur zu entwickeln.
Im Mittelpunkt des Sonntags sollte dabei der Gottesdienst stehen, denn der Sonntag ist der Tag des Herrn. Weiter muß der Sonntag begriffen werden als Tag, an dem man nichts „leisten" muß. Dieser Tag ist vielmehr Tag des „Seins". Der Sonntag gehört dem Menschen als von Gott gegebener Ruhetag. Für Christen sollte er in erster Linie der Familie gehören. Viele Familien haben die gemeinsame Gestaltung von Sonn- und Feiertagen verlernt. Extremstes Beispiel sind die Polizeiberichte nach mehreren Feiertagen, wenn es zu Mord und Totschlag gekommen ist, weil sich Familienmitglieder gegenseitig auf die Nerven gegangen sind.
Viele Familien suchen am Sonntag die Abwechslung, was dazu führt, daß im Freizeitbereich immer mehr Menschen am Sonntag arbeiten müssen. Der Mangel an familiären Formen der Sonntagsgestaltung und die zunehmende Sonntagsarbeit bedingen sich. Christen jedoch müssen sich dafür einsetzen, daß der Sonntag möglichst arbeitsfrei bleibt. Die Arbeit darf nur das notwendigste Minimum umfassen. Dabei müssen Christen selbst mit gutem Beispiel vorangehen. Es ist z. B. eine Unsitte christlicher Gruppen und Vereine, ihre Veranstaltungen an Sonntagen stattfinden zu lassen. Vor allem trifft dies zu, wenn dadurch andere zur Arbeit gezwungen werden. Um Ausreden, warum es gerade der Sonntag sein muß, sind Christen dabei nicht verlegen. Wenn jedoch unter Christen selbst die Sonntagsheiligung sowenig ernst genommen wird, können sie von der Gesellschaft kaum etwas anderes erwarten.
Der Sonntag ist in der pluralistischen Gesellschaft der Tag des Konsums geworden. Die meisten Menschen nutzen den Tag,

um ihr in der Woche verdientes Geld auszugeben. Die Menschen suchen am Sonntag „Konsumbefriedigung fast exklusiv durch das Ausgeben des Arbeitslohnes, da sie in der alltäglichen Arbeit selber kaum mehr Befriedigung finden; und sie präsentieren sich deshalb am Sonntag als Konsumsklaven, da sie in der Welt des Alltags zunächst Arbeitssklaven sind“ (Koch, Ist der Sonntag ...).

Christen sollten darauf hinarbeiten, sich dieser Versklavung zu entziehen bzw. sich wieder von ihr zu befreien. Die Frage der Sonntagsheiligung ist eine der Kernfragen christlicher Existenz. Nur wer den Sonntag christlich leben kann, der kann auch im Alltag als Christ bestehen. Wie die Entchristlichung der Gesellschaft sich an der Gestaltung der Sonn- und Feiertage zeigt, so erweist sich christliches Leben im Umgang mit Sonn- und Feiertagen. Wenn Christen gerade an diesen Tagen nicht gegen den Trend leben, werden sie auch in anderen Lebensbereichen dem Zeitgeist verfallen. Eine jüdische Weisheit sagt: „Mehr als das Volk Israel den Sabbat ge-halten hat, hat der Sabbat das Volk Israel er-halten.“ Dieses Wort trifft auch auf Christen in der modernen pluralistischen Gesellschaft zu. Den Sonntag halten, um christlichen Glauben, christliche Werte und christliches Leben zu erhalten, ist das Gebot der Stunde.

Christsein in der pluralistischen Gesellschaft heißt – nicht nur am Sonntag – anders sein. Christen müssen sich abheben – nicht, weil sie etwas Besseres wären oder um sich hervorzutun. Grund der Andersartigkeit ist schon allein die Tatsache des Christseins. Dies erfordert radikale Entscheidungen, im Pluralismus vielleicht noch mehr als im Totalitarismus. Atheistische Diktaturen machen Christen die Entscheidung insofern leicht, als daß sie in klarer Gegnerschaft zum Glauben und zum Christentum sind. In der pluralistischen Gesellschaft dagegen sind keine so eindeutigen Alternativen gegeben.

Der Markt der Möglichkeiten zur Lebensgestaltung ist groß. Gerade diese Vielfalt macht es den Christen schwer, den richtigen Weg zu finden.

Die Ausgrenzung von Christen ist in der modernen Gesellschaft nicht zu verhindern. Christen werden sich daran gewöhnen müssen, zur Minderheit zu werden. Dabei lassen die Mitgliederzahlen der Kirchen das Wort von der Volkskirche noch gerechtfertigt erscheinen, die Zahlen können sich im Vergleich zu anderen sehen lassen. Nirgendwo gibt es eine so große aktive Minderheit wie in der katholischen Kirche. In Mülheim an der Ruhr ist einmal gezählt worden, daß es bei etwa 10 000 sonntäglichen Gottesdienstbesuchern über 2 500 ehrenamtlich Tätige gibt, sei es für die Caritas, für Spendensammlungen, für Krankenbesuche oder in der Jugendarbeit. Solche Zahlen kann keine andere Organisation im weltlichen Bereich vorweisen. Christliche Aufbrüche sind überall vorhanden. Dennoch bilden Christen nicht mehr die anerkannte Mehrheit in der Gesellschaft, ist das Christliche nicht mehr selbstverständlich.

Christen müssen deshalb Wege finden, wie sie als einzelne und als Gruppe in der pluralistischen Gesellschaft leben können. Dies wird nicht ohne eine teilweise Selbstausgrenzung von manchen Strömungen in Staat und Gesellschaft gehen. Christen können keine Mitläufer sein. Wie radikal die Entscheidung zum Christentum ist, hat Jesus selbst deutlich gemacht. Als seine Jünger ihm berichteten, daß seine Mutter und seine Brüder ihn sehen wollten, antwortete Jesus: „Meine Mutter und meine Brüder sind die, die das Wort Gottes hören und danach handeln." Das Leben nach dem Glauben an Christus, der Zusammenschluß der Christen untereinander sind wichtiger als alle familiären oder freundschaftlichen Beziehungen. Bevor Christen sich um anderer Menschen willen anpassen, bevor sie christlichen Glauben und Werte aufgeben, müssen sie sich von den anderen trennen. Zu solch radikaler Entscheidung für das Christsein müssen sich Christen gegenseitig stärken.

Christsein kostet den Preis, „beschimpft und verfolgt und auf alle mögliche Weise verleumdet" zu werden (Mt 5,11). Unter offener Verfolgung haben Christen in demokratischen Staaten heute nicht zu leiden. Aber Beschimpfungen, Verleumdung und Verspottung gibt es. Am meisten werden Christen belächelt, die sich bemühen, als solche zu leben. Dies müssen Christen ertragen. Es ist besser, als Christ belächelt zu werden, als im unchristlichen Umfeld unterzugehen.

Christen können ihr Anderssein nur leben – und vor allem (er-)tragen –, wenn sie sich zusammenschließen und wenn sie dabei gegenseitige Unterstützung erfahren. Deshalb ist es erste Aufgabe der Christen, sich gegenseitig zu befähigen, gegen den Strom der Zeit zu leben. Dem Zeitgeist nicht nachzugeben, ist für Christen die Herausforderung unserer Tage. Die Frage, ob es gelingt, in elementaren Bereichen christlicher Lebensvollzüge – wie der Sonntagsgestaltung, wie im Ehe- und Familienleben, wie im Gebet und Gottesdienst – gegen den Strom zu leben, wird zur Überlebensfrage der Christen.

2. Christen dürfen in der pluralistischen Gesellschaft ihre Weltverantwortung nicht aufgeben. Ein Rückzug ins geistig-geistliche Leben würde das Christentum zur Sekte degenerieren lassen.

Die notwendige Kritik an manchen Entwicklungen in der modernen pluralistischen Gesellschaft, wie die unabdingbare Abgrenzung gegenüber Strömungen des Zeitgeistes, dürfen Christen nicht zum Rückzug aus dieser Welt veranlassen. Christen haben einen eindeutigen Auftrag, ihre Verantwortung in der Welt wahrzunehmen. Das Zweite Vatikanische Konzil stellt in der Pastoralen Konstitution über die Kirche in der Welt von heute fest: „Die Wahrheit verfehlen die, die im Bewußtsein, hier keine bleibende Stätte zu haben, sondern die künftige zu suchen, darum meinen, sie könnten ihre irdischen Pflichten vernachlässigen, und so verkennen, daß sie, nach Maßgabe der jedem zuteil gewordenen Beratung, gerade durch den Glauben selbst um so mehr zu deren Erfüllung verpflichtet sind" („Gaudium et spes", Nr. 43). Die Aufforderung zur Hinwendung an die Welt und zur Wahrnehmung des christlichen Auftrages in der Welt gilt heute mehr als während des Konzils vor über 25 Jahren. Die pluralistische Gesellschaft stellt eine neue Herausforderung dar, der sich Christen offen stellen müssen. Die kritische Auseinandersetzung mit der Welt – mit Staat und Gesellschaft – kann für Christen nicht die Konsequenz der völligen Abkehr zur Folge haben. „Null Bock" und „no future" sind keine Begriffe, mit denen Christen operieren können. Politische Niederlagen wie in der Abtreibungsfrage sind kein

Grund zur Resignation, sondern Ansporn, nun erst recht die Weltverantwortung wahrzunehmen.
Gerade im vielfältigen Angebot der pluralistischen Gesellschaft besteht für viele Menschen die Gefahr, den Boden unter den Füßen zu verlieren. So ist das ausgehende 20. Jahrhundert nicht nur gekennzeichnet von einer wachsenden Halt- und Bindungslosigkeit, sondern auf der anderen Seite auch von der Suche vieler Menschen – vor allem auch junger Frauen und Männer – nach neuem Halt und neuen Werten. Die Bindungslosigkeit drückt sich aus im Schwinden christlicher Werte wie Treue, Achtung der Würde des anderen, Solidarität und Nächstenliebe. Diese Werte sind in der Gesellschaft immer schwächer ausgeprägt. Für den Wertewandel gibt es zahlreiche Indizien, wie die wachsende Zahl der Ehescheidungen, das getrübte Verhältnis der Gesellschaft zu Kindern oder die zunehmende Fremdenfeindlichkeit. Das zentrale Schlagwort, das nicht nur in der Abtreibungsdiskussion von Bedeutung ist, heißt „Selbstbestimmung". Der Mensch will über sich selbst, über sein Leben bestimmen. Dabei schafft er sich seine persönliche neue Werteskala, was gesamtgesellschaftlich zu einer neuen Werteordnung führt. Diese Entwicklung hat positive Aspekte, wie das steigende Umweltbewußtsein oder die größere Sensibilität für den Tierschutz. Allerdings ist die Werteverschiebung auch von mancher Perversion gekennzeichnet: Hund und Katze werden vielfach vergöttert, haben einen höheren Stellenwert als Kinder. In den Kaufhäusern sind die Regale mit Futter für Haustiere oft größer als die mit Babynahrung. Da wird in der Werbung einer Katze ihr Fressen auf feinstem Porzellan serviert, es kaufen Menschen bestes Hackfleisch – natürlich ohne ein Gramm Fett – für ihr Haustier. Fast 4,5 Milliarden DM geben die Deutschen für ihre Haustiere im Jahr aus. Solche Auswüchse zeigen, daß die Werteordnung vielfach nicht mehr in Ordnung ist. Auf der anderen Seite haben zahlreiche Menschen Probleme, mit diesen gesellschaftlichen Entwicklungen. Sie sind auf der Suche nach neuem Lebenssinn. Der Wunsch, das Glück in der Familie zu finden, ist immer noch groß. Selbst Menschen aus gescheiterten Ehen hält oftmals nichts von neuen Anläufen ab, wie die Statistiken über wiederverheiratete Geschiedene zeigen. Sekten,

die den Menschen Sinn versprechen, verzeichnen Zulauf. Je weiter sie von der Realität der Welt entfernt sind, desto eher sprechen sie die Menschen an. Nach der Wende in der DDR entdeckten Sekten gerade dort einen neuen „Markt", gab es in den neuen Bundesländern doch viele Menschen, die nach über 40jähriger geistiger Leere auf der Suche nach Lebensinhalt waren. Neue geistige Aufbrüche gibt es auch im christlichen Bereich, wie charismatische Bewegungen oder neue geistliche Gemeinschaften zeigen.

Die große Tendenz in der pluralistischen Gesellschaft allerdings bewegt sich weg vom Glauben und Christentum. Verschiedene Untersuchungen haben aufgezeigt, wie schlecht es um den Glauben bestellt ist. Im August 1989 befragte das Demoskopische Institut Allensbach im Auftrag des „P.M.-Magazins" die Bürger der Bundesrepublik Deutschland nach ihrem Glauben. Damals gaben noch 70 Prozent der Westdeutschen zu Protokoll, an Gott zu glauben. Unter den Katholiken lag der Prozentsatz bei 82,6. Drei Jahre später sagen nach einer Umfrage des „Spiegel" nur noch 56 Prozent der Deutschen, daß sie an Gott glauben. Im Ostteil Deutschlands sind es sogar nur 27 Prozent. Dort sind Generationen ohne Gott und Glaube herangewachsen.

Wenn auch Umfragen zum Glauben mit Vorsicht zu genießen sind, so ist der Trend eindeutig: Der Glaube verdunstet. An seine Stelle tritt die Ich-Bezogenheit und völlige Diesseitsorientierung. Der Trend zur Entchristlichung der Gesellschaft hält an. Während im Osten Deutschlands der sozialistische Materialismus durch den kapitalistischen Materialismus ersetzt wurde, nimmt letzterer im Westen immer mehr die Stelle des Glaubens ein. Es scheint, daß der noch christliche Westen den Osten nicht missionieren kann, weil ihm letztlich selbst die christlichen Kräfte ausgehen.

Die negativen Aspekte der gesellschaftlichen Entwicklungen bergen für Christen die Gefahr, sich entweder aus dieser Welt innerlich zurückzuziehen oder sich anzupassen. Beides sind falsche Wege. Die pluralistische Gesellschaft mit all ihren gegenläufigen Entwicklungen, mit dem Trend zur Ich-Bezogenheit einerseits wie den solidarischen Aufbrüchen andererseits, mit den Sinnsuchenden wie jenen, die rein diesseitig ausgerichtet sind, ist für Christen nicht nur Herausforderung, sondern auch Chance. Gerade in dieser Gesellschaft ist die Wahrnehmung christlicher Weltverantwortung dringlicher denn je. Die Entchristlichung der Gesellschaft muß Christen zum Wirken in dieser Welt herausfordern; die positiven Aufbrüche, die vorhanden sind, bieten die Chance, daß Christen auf Gehör stoßen.

In der Vergangenheit haben Christen auf vielfältige Weise versucht, ihren Weltdienst zu leisten, durch Weltdistanz ebenso wie durch Weltveränderung. Christen sind der Welt duldend gegenübergetreten (wie die frühen Christen), sie haben sich von ihr isoliert (wie das ältere Mönchtum). Christen haben versucht, die Welt zur Ordnung zu rufen oder ihre wankende Ordnung zu stützen. Sie haben die Welt leidend angenommen oder versucht, sie christlich zu durchformen (vgl. Hans Maier, in: Essener Gespräche, Bd. 25). Jede dieser Formen des Weltdienstes hatte zu ihrer Zeit ihre Berechtigung. In der pluralistischen Gesellschaft bedarf die Weltverantwortung einer Neubestimmung.

Die Wahrnehmung des Weltdienstes kann sich nicht auf das Gegen-den-Strom-Leben beschränken. Das Anderssein als andere in dieser Gesellschaft enthebt nicht von der Verpflichtung, einen Dienst an und in der Welt zu leisten. Leidendes Annehmen, Erdulden oder Sichisolieren sind Formen, die dem Auftrag der Weltverantwortung heute nicht gerecht werden. Christen müssen ihr Verhältnis zur modernen Gesellschaft neu definieren und die Möglichkeiten ihrer Weltverantwortung neu ausloten. Dies gilt gerade in der Zeit des politischen wie gesellschaftlichen Wandels nicht nur in Deutschland, sondern in ganz Europa. Daß solche Neubestimmung des christlichen Handelns in der Welt und für die Welt den Christen Probleme bereitet, wird in einem Wort des Erzbischofs von Mecheln-Brüssel, Kardinal Godfried Danneels, über die Sondersynode der katholischen Kirche zu Osteuropa deutlich. Er sagte: „Die Synode ist sowohl viel zu früh als auch viel zu spät durchgeführt worden. Zu spät wurde diese Synode abgehalten, wenn sie ein Ausdruck der Freude über die Befreiung der Länder Osteuropas im Jahr

1989 hätte sein sollen. Und sie wurde überstürzt durchgeführt, wenn sie eine tragfähige Grundlage für die Evangelisierung Europas hätte erarbeiten sollen." Das Schwanken zwischen schneller Reaktion und Abwarten sowie die Neigung zu fast betulichen Meinungsbildungsprozessen birgt die Gefahr, daß Christen ihre Chancen in der pluralistischen Gesellschaft verpassen. Die Zeit für einen neuen Aufbruch im christlichen Dienst in und an der Gesellschaft ist jedoch mehr als reif.
Die Diskussion um die Abtreibung und die sich herausbildende Mehrheitsmeinung in der Bevölkerung für die „Fristenlösung" haben gezeigt, daß Christen in dieser Welt – zumindest bei einigen Themen – nicht mehr durchdringend wirken (können?). Christliche Werte sind in der Gesellschaft keineswegs so stark verankert, daß sie gesellschaftliche Entwicklungen wie politische Entscheidungen nachhaltig beeinflussen. Aus dieser Erkenntnis, die sich aus der Abtreibungsdebatte ergibt, gilt es die Konsequenzen für die künftige Form der Weltverantwortung zu ziehen.
Die Themen, bei denen Christen sich besonders engagieren müssen, liegen auf der Hand. Die deutschen Bischöfe haben in ihrem Schreiben „Christliche Verantwortung in veränderter Welt" vom September 1990 einige Bereiche genannt, in denen besondere christliche Verantwortung gefordert ist. Die Palette reicht vom Schutz des menschlichen Lebens über Ehe und Familie, Erziehung und Bildung, wirtschaftlichen Wohlstand und soziale Sicherheit, Bekämpfung der Arbeitslosigkeit, Aussiedler und Asylsuchende bis zu Entwicklung und Frieden sowie die Verantwortung für die Schöpfung. Das Bischofswort zeigt Leitlinien für christliche Positionen in diesen Lebensbereichen auf. Eine ebenso klare Stellung bezieht Papst Johannes Paul II. in seiner Sozialenzyklika „Centesimus annus", die am 1. Mai 1991 in Erinnerung an die erste Sozialenzyklika „Rerum novarum" von Papst Leo XIII. 100 Jahre zuvor erschien. Die christliche Soziallehre ist ein solides Fundament, auf dem Christen ihren Weltdienst aufbauen können. Die Inhalte der Verlautbarungen von Christen sind besser, als sie in der öffentlichen Auseinandersetzung dargestellt werden. Woran es mangelt, scheinen die Fähigkeit und das Durchsetzungsvermögen zu sein, die christlichen Inhalte in der Gesellschaft zu vermitteln.

In einigen wesentlichen Bereichen des gesellschaftlichen Lebens sind Christen heute nur noch schwach vertreten. Ein Beispiel sind die Gewerkschaften. Christlich-Soziale spielen in den Gewerkschaften eine untergeordnete Rolle. Die Einheitsgewerkschaft, für die sich nicht zuletzt Christen stark gemacht hatten, macht es den Christen heute schwer. Wenn Gewerkschaften Erklärungen zur Abtreibung verabschieden, die nicht mit christlichem Gewissen zu vereinbaren sind, wie es die ÖTV, die IG Druck und die IG Metall getan haben, oder wenn Christlich-Soziale aufgrund ihrer Einstellung zum Lebensschutz nicht in gewerkschaftliche Funktionen gewählt werden wie Ernst-Otto Constantin bei der ÖTV, dann wird Christen eine Mitgliedschaft in einer solchen Organisation nicht gerade leichtgemacht. Andererseits stellt sich die Frage, ob es Christen nicht versäumt haben, in den Gewerkschaften auf breiter Ebene aktiv zu sein. Haben sich genügend Christen in den Gewerkschaften engagiert, um dort christliche Positionen einzubringen? Sieht man einmal von einigen wenigen engagierten Christlich-Sozialen ab, muß diese Frage mit Nein beantwortet werden. Christen haben das Feld der organisierten Arbeitnehmervertretung weitgehend anderen überlassen. Angesichts der gesellschaftlichen Bedeutung der Gewerkschaften und im Blick auf deren Einfluß auf die Meinungsbildung ist gewerkschaftliche Tätigkeit ein nicht zu vernachlässigender Bereich des christlichen Weltdienstes. Hier gibt es Nachholbedarf, wobei die Einheitsgewerkschaft zunächst christlichen Sonderorganisationen vorzuziehen ist. Letztere bergen die Gefahr des Rückzuges in eine christliche Nische. Dies würde zwangsläufig zu geringerer Wirkung führen. Im Verhältnis zu den Gewerkschaften ist für Christen noch einiges aufzuarbeiten. Christen dürfen von sich aus die Einheitsgewerkschaft nicht aufs Spiel setzen. Die Überrepräsentanz anderer Gruppen ist erst durch mangelndes Interesse der Christen entstanden oder zumindest gewachsen. Gewerkschaften lassen sich aber nicht vom Schmollwinkel aus zur toleranten Einheitsgewerkschaft verändern, sondern nur durch aktive Mitarbeit.

Ähnlichen Nachholbedarf haben Christen in den Medien. Auch sie sind weitgehend anderen überlassen worden. Die christlichen Medien finden nicht mehr die gewünschte Verbreitung. Sie vermögen in der veränderten Medienwelt kaum zu überleben, da sie in Aufmachung und Sprache zumeist an den Lesern vorbeiproduziert werden. Dieser Mangel kann durch entsprechende Präsenz in den weltlichen Medien nicht ausgeglichen werden. Die Zahl engagierter Christen in Rundfunk und Zeitungen ist gering. Offensichtlich haben es Christen im Vertrauen auf ihre eigenen Presseorgane versäumt, sich selbst im weltlichen Medienbereich zu engagieren oder zumindest das intensive Gespräch mit Journalisten zu suchen. Christlicher Weltdienst muß sich auch auf die Zusammenarbeit mit Medien beziehen. Die Chancen, die sich zur Vermittlung christlicher Positionen über die Medien bieten, müssen genutzt werden. Rückzug ist auf diesem gesellschaftlichen Feld – wie auf anderen – die schlechtere der Alternativen.

Christen müssen ihre Weltverantwortung in ihrer jeweiligen Lebenssituation wahrnehmen. Christen sind alle unter die Konsequenzen gestellt, die der Glaube von ihnen verlangt. Der eine als politischer Mandatsträger, der andere als Mitglied einer Partei, der dritte als Gewerkschaftler oder Betriebsrat, der vierte im Bereich der Medien, der fünfte in einem Verein oder Verband. Jeder ist an der Stelle zum Weltdienst gefordert, wo über die Gestaltung der Gesellschaft wie über die politische und soziale Ordnung gesprochen und entschieden wird und er sich beteiligen kann.

Der christliche Weltdienst durch die Tat ist nicht nur in den exemplarisch aufgezeigten Bereichen notwendig. Christen müssen in allen Bereichen von Gesellschaft, Wirtschaft und Politik als Christen präsent sein. Ein christlicher Unternehmer, der sich sozial engagiert und der im Umgang mit den Arbeitnehmern als Christ erkennbar ist, nimmt seine Weltverantwortung ebenso wahr wie der christliche Wissenschaftler, der sein Handeln von christlicher Ethik und Moral bestimmen läßt. Christsein heißt nicht, sich in geistig-geistliche Betrachtungen zurückzuziehen, sondern in der Welt als Christ zu wirken und Profil zu zeigen.

In einigen Bereichen haben Christen nicht nur ein eigenständiges Profil entwickelt, sondern dieses auch in der pluralistischen Gesellschaft erhalten und ausbauen können. Beispielhaft seien

Kindergärten und Schulen genannt. Staat und Gesellschaft befürworten, daß Kindergärten von den Kirchen betrieben werden. Das entspricht zugleich dem Wunsch der Eltern. Christliche Kindergärten sind begehrt, nicht nur, weil sie den Staat weniger kosten als eigene Einrichtungen, sondern weil von ihnen eine gewisse Wertevermittlung erwartet wird. Ähnlich sieht es bei den Schulen aus.

Die katholischen Schulen können zum Schuljahresbeginn nicht alle Schülerinnen und Schüler aufnehmen. Viele Eltern möchten ihre Kinder auf diese Schulen schicken, die sich in der Bildungslandschaft profiliert haben. Christen haben in Erziehung und Bildung eine Stellung, die von anderen anerkannt wird.

Der Weltdienst wird hier ebenso intensiv wahrgenommen wie bei den zahlreichen sozialen Diensten. Caritas und Diakonie sind mit ihrer sozialen Tätigkeit Garanten des christlichen Weltdienstes. Vor allen die unzähligen ehrenamtlichen Helferinnen und Helfer bezeugen ihr Christsein durch den Dienst am Nächsten.

Trotz der Profilierung von Christen in einigen Bereichen in Staat und Gesellschaft bleibt der Erfolg in Form von Wertevermittlung oder auch politischen Entscheidungen häufig aus. Jene, die mit Christen in Berührung kommen, sind schließlich zusätzlich anderen Einflüssen ausgesetzt. Die Konsequenz muß eine Verstärkung des Engagements sein. Soziale Tätigkeit sowie Arbeit in der Bildung und Erziehung von Christen sind unerläßlich. Allerdings bedürfen sie der Unterstützung durch den Weltdienst in jenen Bereichen, die für Entscheidungen in Staat und Gesellschaft wesentlich sind und die bislang nicht genügend berücksichtigt wurden.

Trotz aller Verdunstung des Glaubens sind Christen in der deutschen Gesellschaft noch eine Mehrheit. Diese läßt sich nur bewahren und möglicherweise ausbauen, wenn Christen nicht nur im geistig-geistlichen Leben, sondern auch im gesellschaftlich-politischen Zeugen sind. Beides ist untrennbar miteinander verbunden. Ein Rückzug der Christen aus der gesellschaftlichen Verantwortung ins reine Glaubensleben würde das Christentum auf Dauer zur Sekte degenerieren lassen. Der Glaube begründet den Weltdienst, er schließt ihn nicht aus. Die sicher

teilweise notwendige Rückbesinnung auf die geistig-geistlichen Werte kann nicht den Rückzug der Christen aus der Welt bedeuten. Weltflucht ist keine christliche Tugend.
Christen müssen sich in der pluralistischen Gesellschaft vernehmbarer artikulieren. Christen müssen deutlich machen, daß gesellschaftliches und politisches Handeln ein geistiges Fundament brauchen und nicht nur von materiellen oder persönlichen Zweckmäßigkeiten geleitet werden dürfen. Wenn Christen diese Herausforderung der pluralistischen Gesellschaft annehmen, werden sie ihrer Sendung und Berufung gerecht. Die christliche Botschaft führt mitten in die alltägliche Lebenswelt; sie führt zur Mitgestaltung in Gesellschaft und Staat. Christen dürfen nicht nur Sonntagschristen sein, sie müssen Alltagschristen sein. Nicht allein im sonntäglichen Gottesdienstbesuch, sondern auch im alltäglichen christlichen Leben erweist sich das Christsein. Es gilt, ein richtiges Gleichgewicht zwischen Glaubensleben, sozialem Dienst und gesellschaftlich-politischem Engagement zu finden.
Die Art und Weise, wie die Auseinandersetzung um die Abtreibung politisch und gesellschaftlich verloren wurde, führt vor Augen, wo Christen neu beginnen müssen, wo sie ihren Weltdienst verstärken müssen. Aus der Niederlage in der Abtreibungsfrage sind Konsequenzen für die Zukunft zu ziehen. Christen müssen wacher werden für diese Welt und in dieser Welt. Der Auftrag Jesu lautet nicht, sich in kleiner Zahl auf christliches Gemeindeleben zu beschränken. Der Auftrag an die Christen heißt vielmehr: „Geht hinaus in alle Welt."

3. Christen müssen aus ihrer – zum Teil selbst auferlegten – Defensive herauskommen. Die Verteidigungshaltung steht dem christlichen Auftrag diametral entgegen.

In der öffentlichen Diskussion sind Christen vielfach in die Defensive geraten. Die zweijährige Auseinandersetzung um die Abtreibung im vereinten Deutschland hat gezeigt, daß Christen sich in vielen Fragen in einer Verteidigungshaltung befinden. Die Abkehr eines großen Teils der Gesellschaft von christlichen

Positionen – z. B. in der Frage der Abtreibung, in der Frage von Ehe und Familie oder bei der Sexualmoral – und das offensive Vertreten vermeintlich progressiver Positionen durch manche Gruppen haben dazu geführt, daß Christen zumeist aus der Haltung des Angegriffenen, der sich verteidigen muß, argumentieren. Andererseits fehlt es gerade bei gesellschaftlich nicht mehr akzeptierten christlichen Positionen an einer offensiven Strategie und möglicherweise auch am Mut, solche Vorstellungen zu vertreten. Die „Schweigespirale" – die Angst, zu einer Minderheit zu gehören – zeigt unter Christen ebenso Wirkung wie die Furcht, als altmodisch oder weltfremd bezeichnet zu werden.

Deutlich wird dies besonders in allen Fragen, die mit Sexualität zu tun haben. In der sexualisierten Gesellschaft sind christliche Werte in der Tat schwer zu vermitteln. Es böten sich jedoch Ansatzpunkte, um den Menschen zu verdeutlichen, daß Sexualität als Selbstzweck eine Fremdbestimmung ist, die der menschlichen Würde widerspricht. Unter Frauen reift – wenn auch noch zaghaft – die Erkenntnis, daß sie letztlich Opfer der modernen, auf sexueller Selbstbestimmung basierenden Moral sind. „Die neue Moral heißt bewußte, rationale, technisch-sichere Verhütung. Ihr Leitbild ist der aufgeklärte moderne Mensch, der verantwortungsbewußt mit dem Akt der Zeugung umgeht ... Fast wird derjenige verdächtigt, der im Zeitalter der unbegrenzten Verhütungsmöglichkeiten keinen Gebrauch davon macht. Verhütung wird vom notwendigen Übel zur aufgeklärten Staatsbürgerpflicht" (Monika Haussler, in: E. Beck-Gernsheim, Die Kinderfrage). Solcher Argumentation von Frauen, mit der der allgemeine gesellschaftliche Trend in Frage gestellt wird, kommen christliche Positionen entgegen, werden jedoch nur wenig aufgegriffen. Daß die Defensive, in der sich Christen vielfach befinden, nicht nur von außen auferlegt, sondern z. T. selbst verschuldet ist, wird am Beispiel von Ehe und Familie deutlich. Christen haben sich weitgehend der Negativdiskussion angepaßt. Kritiklos wird die Aussage, jede dritte Ehe werde geschieden, übernommen. Dabei muß gesehen werden, daß zum einen die Beziehung in der Statistik nicht stimmt: In Bezug zueinander gesetzt werden nämlich die jeweils aktuelle

Zahl der Eheschließungen eines Jahres und die Zahl der Scheidungen desselben Jahres. Da jedoch Scheidungen meistens erst nach mehreren Jahren Ehe vorkommen, müßten korrekterweise die Eheschließungen und die Scheidungen über viele Jahre in Bezug gesetzt werden, um ein realistisches Bild zu erhalten. Eine solche Berechnung ergibt zum Beispiel für Nordrhein-Westfalen für die Jahre 1969 bis 1990 eine Scheidungsquote von rund 20 Prozent.

Christen haben es sich angewöhnt, nicht offensiv mit der Zahl von 80 Prozent haltender Ehen, sondern defensiv mit der Zahl von 33 Prozent zerbrechender Ehen zu argumentieren. Das Problem der zunehmenden Ehescheidungen darf nicht verharmlost werden. Es ist auch für Christen ein ernst zu nehmendes Thema. Wer aber werbend für Ehe und Familie eintreten will, muß eine positive Strategie entwickeln. Das ständige Wiederholen und Hochspielen der negativen Erscheinungen wird diese weiter verstärken. Erweckt dies doch den Eindruck der Normalität und des gesellschaftlich Üblichen.

Die zunehmende Entchristlichung der Gesellschaft wie des Staates führen dazu, daß Christen sich häufig in einer Minderheitenposition sehen, aus der heraus sie noch nicht zu agieren gelernt haben. Während die Verletzung religiöser Gefühle in den Anfangsjahren der Bundesrepublik Deutschland kaum vorkam, weil dies gesellschaftlich nicht toleriert worden wäre, ist heute der hämische bis verunglimpfende Umgang mit dem Glauben von Christen an der Tagesordnung. Dies geschieht zumeist unter dem Deckmantel der Satire. So durften z. B. Schülerzeitungsredakteure im WDR ein „Interview mit Gott" verbreiten, in dem sie Gott unterstellten, er benutze „Kondome bei seinen Ausschweifungen". Allerdings habe er damit „unangenehme Erfahrungen" machen müssen. In der Sendung „Scheibenwischer" traten Kabarettisten als „Heilige Drei Könige" auf und machten abfällige Bemerkungen über die Jungfrauengeburt sowie die Wunder Jesu Christi. Fast harmlos mutet es dagegen schon an, wenn die Marientracht in Kevelaer als „Schauspiel" (SAT 1) bezeichnet wird oder wenn eine Illustrierte die Meldung über den neuen Katechismus mit den Worten überschreibt: „Endlich: Leitfaden ins Paradies" (BUNTE). In solchen Fällen reagieren Christen kaum noch. Proteste auf breiter Front gibt es nicht. Die Beschimpfungen und der Spott werden hingenommen. Vereinzelte Reaktionen sind sehr verhalten. Das Argument, gegen Beschimpfungen sei man ohnehin machtlos, ist weit verbreitet.

Christen werden heute zwar nicht mit Gewalt verfolgt, aber sie sind in Bedrängnis. Die „Verfolgung“ von Christen spielt sich subtiler ab. Sie findet ihren Ausdruck in Spott und Verachtung. Die Freiheit des Glaubens ist zwar verfassungsmäßig garantiert, aber der christliche Glaube wird in Staat und Gesellschaft nicht geschützt. Eher gibt der pluralistische Staat denen einen großen Freiraum, die sich über den christlichen Glauben hermachen. Dies macht die Verteidigung für Christen schwerer, als es bei einer offenen Konfrontation der Fall ist. Christen haben es andererseits nicht verstanden, die neue Situation in den Griff zu bekommen und Gegenstrategien zu entwickeln. Durch diesen Mangel ist die Defensive in der öffentlichen Diskussion selbst verschuldet.

Diese Defensivhaltung steht dem christlichen Auftrag diametral entgegen. Der christliche Glaube ist ein streitbarer Glaube. Rückzug, Sichverstecken und Duckmäusertum sind nicht Sache von Christen. Jesus fordert zum furchtlosen Bekenntnis auf. In der Rede zur Aussendung der Jünger (Mt 10,16-39) sagt er unter anderem: „Ich bin nicht gekommen, um Frieden zu bringen, sondern das Schwert.“ Christen sollen für ihren Glauben streiten und ihn nicht verleugnen. Wenn Christen dem offensiven Auftrag des Hinausgehens in alle Welt gerecht werden wollen, dürfen sie nicht kleinmütig sein oder ängstlich. Sie sind aufgefordert, auch ihren politischen Auftrag in der Welt streitbar wahrzunehmen.

Dazu ist in erster Linie die Einheit nötig. Das Problem der Zersplitterung christlicher Organisationen ist nicht neu. Schon bei der Generalversammlung des Volksvereins im Jahr 1928 beklagte der Priester und Sozialpolitiker Heinrich Brauns, daß sich das katholische Lager in Einzelorganisationen aufgelöst habe, die nebeneinander wirkten. Der Wille zur Einheit, das Streben zum Ganzen, die Zusammenfassung zu einem einheitlichen Handeln der deutschen Katholiken im öffentlichen Leben seien zu kurz gekommen. Brauns beschwor seine Zuhörer: „Die Not der Zeit zwingt uns, wieder in einer geschlossenen Einheit uns zusammenzufinden.“ Brauns forderte – bei bestehenbleibender Selbständigkeit der Einzelorganisationen – einen Gesamtverband, der die gemeinsamen Ziele schlagkräftig verfolgen könne.

Auch die heutige Zeit, die gekennzeichnet ist von fortschreitender Säkularisierung, fordert zu neuer Geschlossenheit heraus. Christen müssen sich ohne Vorbehalte die Frage stellen, ob sie nicht in einigen Bereichen nebeneinanderher arbeiten und ob dadurch möglicherweise wertvolle Kräfte, vor allem der ehrenamtlich Tätigen, vergeudet werden. Christen sollten realistisch Bilanz ziehen, wo sie gesellschaftlich und politisch wirken. Die Abtreibungsdebatte ist ein lohnendes Beispiel. Christen sollten selbstkritisch und offen diskutieren, wie sie ihre Kräfte bündeln und effektiver wirken können.

Die Abtreibungsdiskussion hat im katholischen Bereich gezeigt, daß sich die Verbände in ihren Stellungnahmen einig waren. Zugleich ist deutlich geworden, daß solche Erklärungen nicht ausreichen, um Entscheidungen der Politik und der Gesellschaft zu beeinflussen. In der öffentlichen Meinungsbildung haben sie nur eine untergeordnete Rolle gespielt. Deshalb müssen Christen neue Wege der Kommunikation suchen, die auf Vermittlung christlicher Werte abzielen. Die Einheit des Handelns darf sich nicht auf fast wortgleiche Erklärungen beschränken, sondern muß im politischen wie gesellschaftlichen Wirken deutlich werden.

Öffentlichkeitsarbeit – im Sinne von in der Öffentlichkeit arbeiten und in die Öffentlichkeit arbeiten – ist gefordert. Dies betrifft zum einen christliche Organisationen, zum anderen jeden einzelnen Christen. Christen müssen nicht nur fähig sein, in der pluralistischen Gesellschaft gegen den Strom zu leben, sondern dieses Leben auch nach außen zu vertreten. Die großen Sympathieträger des Christentums heute, die in der säkularisierten Welt Anerkennung finden, sind Menschen, die christlich (vor-)leben, wie etwa Mutter Teresa oder Schwester Emanuelle. Solche „Werbeträger“ christlichen Glaubens gibt es ebenfalls im kleinen, z. B. in Pfarrgemeinden. Zumeist stellen sie ihr Licht

– aus christlicher Bescheidenheit – unter den Scheffel. Um christliche Werte und christliches Handeln zu vermitteln, müssen mehr Menschen ihren Beitrag in dieser Welt leisten. Es nutzt wenig, wenn dies im Verborgenen geschieht. „Tue Gutes und rede darüber", das sollte ein Leitwort für Christen sein, denn nur bei entsprechender öffentlicher Aufmerksamkeit kann heute noch Wirkung auf breiter Basis erzielt werden.
In der Rockoper „Jesus Christ, Superstar" fragt Judas Jesus provozierend, warum er nicht im 20. Jahrhundert mit all seinen Möglichkeiten der Massenkommunikation gekommen sei. Wenn man diese Möglichkeit zu Ende denkt, so könnte man zu dem Schluß kommen, daß Jesus kaum eine Chance gehabt hätte. Einer Vermarktung als Fernsehprediger hätte er nicht zustimmen können. Andererseits ist seine Botschaft so radikal gegen den Trend, daß er möglicherweise nicht einmal die Chance des Auftrittes bekommen hätte. Die in der Frage des Judas enthaltene Behauptung, die Verbreitung der christlichen Botschaft sei unter den Bedingungen der Massenkommunikation einfacher, stimmt zumindest für die pluralistische Gesellschaft nicht vorbehaltlos. Christlicher Glaube und christliche Werte lassen sich nicht mit rein medialen Mitteln verbreiten, zumal die Medien nicht unbedingt zur Verfügung stehen.
Für Christen heute heißt dies, daß das persönliche Gespräch, die Weitergabe der christlichen Botschaft von Mensch zu Mensch, immer noch Vorrang hat. Dabei sind Überzeugungskraft und Beharrlichkeit, nicht Unverbindlichkeit vonnöten. Christen müssen vor allem das Gespräch mit Andersdenkenden suchen, wenn sie ihrem weltlichen Auftrag gerecht werden wollen. Jeder einzelne muß an seinem Platz in der Welt, im Betrieb, im Verein, in der Politik, als Christ überzeugen. Vielfach fehlt die Motivation, hat Resignation um sich gegriffen. Deshalb wird es für die Zukunft darauf ankommen, daß sich Christen aufraffen, um die Gesellschaft zu durchdringen, um „Salz der Erde" zu sein.
Der Vorrang der persönlichen Überzeugungsarbeit befreit nicht von der Verpflichtung, die Möglichkeiten der modernen Massenkommunikation zu nutzen. Die Medien bieten Christen Chancen. Sie haben für das öffentliche Klima wie für das Klima

unter Christen – auch innerhalb ihrer Kirche – eine nicht zu unterschätzende Bedeutung. Medien können dem Dialog zwischen Christen und Welt helfen, wenn Christen es lernen, mit Medienvertretern umzugehen und umgekehrt. Der verstorbene Essener Kardinal Franz Hengsbach sagte einmal bei einem Treffen mit Journalisten: „Gemeinsam, so denke ich, können Medien und Kirche viel leisten, um den Menschen, vor allem der Jugend, Orientierung zu geben in dieser schwieriger werdenden Welt. Dies ist jedoch nur möglich, wenn wir Feindbilder nicht auf-, sondern abbauen, wenn wir fair miteinander umgehen, wenn Kritik sachlich ist." Um dieses Ziel zu erreichen, müssen Christen, die als Journalisten arbeiten, außerhalb ihres Berufes eine Stütze finden. Darüber hinaus ist das Gespräch mit den Andersdenkenden in den Redaktionen erforderlich. Massenkommunikation kann die Verbreitung der christlichen Botschaft durch Wort und Tat nicht ersetzen, aber doch unterstützen oder behindern. Die dauerhafte Darstellung einer Welt ohne Gott in den Medien macht das Reden von Gott in einer medialen Gesellschaft schwieriger, wenn nicht sogar zunichte. Deshalb müssen die Bemühungen um die Medien in einer offensiven Strategie der Christen eine vorrangige Stellung einnehmen. Die Tatsache, daß die Auseinandersetzung um die Abtreibung auch in den Medien verloren wurde, zeigt, daß Christen hier noch einiges aufzuholen haben.

Wenn Christen aus ihrer Verteidigungshaltung und ihrer Defensive herauskommen wollen – und von ihrem Auftrag her müßten sie eigentlich wollen –, dann ist eine solche offensive Strategie auf breiter Front nötig. Sie muß die Arbeit in allen gesellschaftlichen Bereichen umfassen. Für Selbstzweifel und Resignation ist dann ebensowenig Platz wie für eine Schlafwagenmentalität, die sich breitgemacht zu haben scheint. Schlafen, im Vertrauen darauf, daß einige wenige andere den Zug sicher durchs Gelände bringen, führt nicht zum Erfolg. Christen müssen sich immer wieder selbst anspornen, ihren persönlichen Beitrag zum Weltdienst zu leisten.

Die Frage jedoch ist, ob es genug Reserven gibt, genug Christen, die das missionarische Zeugnis mit Freude ablegen. Die schon erwähnte Meinungsforschung scheint eher das Gegenteil zu belegen. Auf die Frage, wie sie in die Zukunft sehen, antworten Christen – wie erwähnt – nicht optimistischer als Atheisten oder Andersgläubige. Diesen Pessimismus scheint man den Christen hierzulande anzumerken. Bei ihren Vorträgen im Bistum Essen sagte Tatjana Goretschewa: „Es ist so, als ob der Geist und die Kraft hier verflogen wären." Ein ehemaliger Bundesverfassungsrichter sagte einmal in einem Interview: „Ich schätze die Arbeit katholischer Gremien und Verbände in der Bundesrepublik nicht gering. Aber was die ausstrahlende Wirkung in der Gesellschaft betrifft: Hätten wir in der Bundesrepublik drei Mutter Teresas auf die Waage zu stellen, wie viele Katholikenräte und Kommissionen des Zentralkomitees müßten wir in die andere Waagschale legen, um die drei Mutter Teresas aufzuwiegen ..." Die provozierenden Sätze werden der Arbeit christlicher Organisationen sicher nicht voll gerecht. Aber sie werfen die Frage auf, ob Christen genug tun. Diese Frage müssen sich Christen, seien es Verbände, Gremien oder einzelne, offen stellen.

Wenn Christen in dieser Welt mitreden wollen, dann müssen sie zweifellos mehr tun. Sie müssen die Initiative ergreifen, Themen bestimmen und sie sich nicht aufzwängen lassen. Die Offensive zurückgewinnen heißt, sich nicht – oftmals unnötige und unfruchtbare – innerchristliche Debatten aufdrängen zu lassen, sondern aus dem christlichen Glauben heraus in weltlichen Diskussionen mitzumischen oder sie zu entfachen.

Die qualitative wie auch die quantitative Kapazität für eine christliche Offensive sind zweifellos (noch) vorhanden. Christen müssen sich zusammenschließen, sich ermutigen, diese Kapazitäten zu nutzen, wenn sie in der pluralistischen Gesellschaft bestehen wollen. Die christliche Botschaft beinhaltet das irdische, das weltliche Engagement. Die politische Niederlage bei der Abtreibung darf nicht dazu führen, daß sich Christen noch weiter in die Defensive zurückziehen, sondern sie muß Anlaß zum Ergreifen der Offensive sein.

4. **Christen können heute in fast jeder Partei mitarbeiten. Sie müssen sich nur darauf einstellen, daß sie in bestimmten Fragen immer Minderheit sein werden.**

Christen haben ihr Verhältnis zu den Parteien in der Bundesrepublik immer am Programm, an der Praxis wie an den in den Parteien agierenden Personen gemessen. Aufgrund dieses Maßstabes hat es besonders unter Katholiken bisher eine eindeutige Präferenz für die CDU/CSU gegeben, was sich in der Mitgliederstruktur und im Wählerverhalten ausdrückte. Die Unionsparteien waren „Vertreter des religiösen Traditionalismus", wie der stellvertretende Chef des Presseamtes der Bundesregierung, Wolfgang Gibowski, im Frühjahr 1992 bei einem Vortrag in Ludwigshafen formulierte. Bei der Bundestagswahl 1990 stimmten nach Gibowski drei Viertel der stark kirchengebundenen Katholiken für die Unionsparteien. Ähnlich entschied sich eine große Mehrheit der religiös Orientierten bei der ersten freien Volkskammerwahl in der ehemaligen DDR am 18. März 1990 für die CDU. Gibowski betont dazu: „Die Gründe, warum sich Wähler mit religiöser Bindung mit relativ hoher Wahrscheinlichkeit für eine der Unionsparteien entscheiden, erklären sich aus einer Werteübereinstimmung und keineswegs daraus, daß von der Kirche Direktiven für das Wahlverhalten gegeben werden. Wähler, welche einer religiösen Orientierung folgen – als solche muß der Kirchgang in den alten Bundesländern genauso gelten wie die Taufe in den neuen Bundesländern –, finden auf der Parteiebene am ehesten eine Werteentsprechung bei der CDU (CSU)."

Andererseits fanden engagierte Christen in manchen Parteiprogrammen ihre Werte nicht wieder, so daß sie auf Distanz zu diesen Parteien gingen. Auch seitens der katholischen Kirche wurde die Auseinandersetzung mit solchen Parteien zeitweise geführt. Der damalige Vorsitzende der Deutschen Bischofskonferenz, Kardinal Joseph Höffner, erklärte 1986, daß nach seiner Überzeugung die Grünen für Katholiken nicht wählbar seien. Höffner begründete diese Auffassung in einem Zeitungsinterview (Kölnische Rundschau, 23. 8. 1986) mit der Forderung der Grünen nach völliger Streichung des § 218 sowie dem Ansinnen der Partei, daß Ehe, nichteheliches Zusammenleben, Alleinerziehende und homosexuelle Paare gleichgestellt werden sollten. Dadurch werde die Ehe als Institution in Frage gestellt. Der Vorsitzende des Zentralkomitees der Katholiken, Hans Maier, erklärte dazu, daß das Tischtuch zwischen Grünen und Katholiken zerschnitten sei.

Eine weitere neue Partei, die ins Kreuzfeuer von Christen geriet, waren die Republikaner. Im Herbst 1989 veröffentlichte der Diözesanrat der Katholiken im Bistum Essen eine ausführliche Stellungnahme, in der Programm und Aussagen der Republikaner an christlichen Maßstäben gemessen wurden. Das oberste Laiengremium des Ruhrbistums kam zu dem Ergebnis: „Aufgrund der Analyse der Republikaner-Aussagen muß festgestellt werden, daß das von den Republikanern vertretene Menschenbild und die Vorstellungen vom gesellschaftlichen Zusammenleben mit christlichen Sichtweisen nicht zu vereinbaren sind.“ Andere christliche Gruppen kamen zur gleichen Bewertung.

Die Konfrontation mit den Grünen hat in letzter Zeit nachgelassen. Ähnlich wie zuvor schon SPD und FDP wird diese Partei von engagierten Christen nicht nur akzeptiert, sondern zunehmend auch wählbar und für eine Mitgliedschaft interessant. Der Wandel im Verhältnis von Christen zu den Parteien beruht zum einen darauf, daß Christen in manchen Bereichen ihre Positionen geändert haben. Entscheidender jedoch ist, daß die CDU sich wandelt und damit für engagierte Christen nicht mehr selbstverständlich die Partei mit der größten Werteübereinstimmung ist, sondern mehr und mehr zum „kleineren Übel“ wird. Der Wertewandel innerhalb der CDU wurde nach der deutschen Einheit immer deutlicher. Vor allem in der Abtreibungsdiskussion trat er offen zutage.

Zum Ausdruck kamen die Schwierigkeiten von Christen mit der C-Partei im Streit zwischen dem Kölner Kardinal Joachim Meisner und Unionspolitikern. Der Kardinal empfahl der CDU den Verzicht auf das „C“ im Parteinamen. Er warf der Union in der Frage der Abtreibung „Anpassungen an den Zeitgeist“ vor. Meisner in der Zeitschrift „Weltbild“ wörtlich: „Die Partei erträgt es auch nicht, nonkonform zum Zeitgeit zu leben. Sie verläßt die christliche Nonkonformität, um eine weltliche Konformität zu erlangen. Damit verliert sich das Recht, das „C" noch weiter zu benutzen." Diese harte Kritik stieß bei Unionspolitikern auf Widerspruch. Der stellvertretende Fraktionsvorsitzende Heiner Geißler meinte, der Kardinal habe seine Äußerung „nicht gut überlegt". CDU-Generalsekretär Peter Hintze warf Meisner vor, daß er „den langen, intensiven und außerordentlich ernsthaften Diskussionsprozeß in der CDU nicht hinreichend verfolgt hat". Solche Aussagen können nicht darüber hinwegtäuschen, daß die CDU mit dem „C" ihre Probleme hat. Ganz aufgeben will sie es nicht, um christliche Wähler nicht zu verlieren. Aber ganz beibehalten will die CDU das „C" offenbar ebenfalls nicht. So soll das neue Grundsatzprogramm nach den Worten des Vorsitzenden der Programmkommission, Reinhard Göhner, sich in Richtung Nichtchristen öffnen. Die Partei ist auf dem besten Wege, sich der allgemeinen Entchristlichung anzupassen. Damit würde, so paradox es klingen mag, nicht nur die CDU offener für Nichtchristen, sondern gleichzeitig würden andere Parteien noch offener für Christen. Es würde letztlich auf dem Papier bestätigt, was sich seit einigen Jahren angebahnt hat: Die Entchristlichung der Parteien führt dazu, daß Christen heute in jeder Partei mitarbeiten können. Sie müssen sich allerdings darauf einstellen, in manchen Fragen immer in der Minderheit zu sein.

Nun ist das Evangelium kein politisches Programm, das konkrete Anleitungen für das praktische Handeln gibt. Allerdings enthält die Bibel Gebote und Werte, die für Christen bindend sind. Vor allem die Bergpredigt ist ein Maßstab, der auch im politischen Handeln von Christen gelten sollte. An Geboten und christlichen Werten müssen sich Parteien messen lassen, wenn Christen Gemeinsamkeiten oder Trennendes suchen. Die Programme wie die Praxis der Parteien belegen, daß die Werteübereinstimmung für Christen nicht mehr pauschal mit der CDU erreicht werden kann. In für Christen wichtigen Politikbereichen ist Übereinstimmung ebenso quer durch die Parteien zu finden wie Gegensätzlichkeit.

In ihrem Grundsatzprogramm von 1978 wie auch im Entwurf für das neue Programm bekennt sich die CDU in der Präambel wie im ersten Kapitel zum Christentum. Dies unterscheidet die Partei von den anderen. Unter anderem heißt es, daß der Mensch in der Verantwortung vor Gott stehe und daß das Wesen des Menschen sich erfülle „in der Zuwendung zum Mitmenschen, wie es dem christlichen Verständnis der Nächstenliebe entspricht“.

In der Frage der Abtreibung hat sich gezeigt, daß grundsätzliche Aussagen wenig für die praktische Politik bedeuten. Während Abtreibung im CDU-Programm von 1978 nicht vorkommt, nehmen SPD, FDP und Grüne eindeutig zugunsten der „Fristenregelung“ Stellung. SPD und Grüne sprechen sich sehr kurz für Lösungen außerhalb des Strafrechtes aus, die FDP erläutert ausführlich ihre Forderung nach einer „modifizierten Fristenregelung“. Die Union hatte programmatisch also den größten Spielraum in der Abtreibungsdebatte, den die Abgeordneten dann auch nutzten. Von Befürwortern der „Fristenlösung“ ohne Beratungspflicht bis zu jenen, die eine verbesserte gesetzliche Regelung wollten, reichte das Spektrum. Dabei waren die zur Gruppe um Herbert Werner gehörenden Abgeordneten, die ein Gesetz vertraten, das christlichen Auffassungen vom Wert des Lebens und der Unantastbarkeit der Menschenwürde am nächsten kam, in der Minderheit. Die Mehrheit der Partei hatte sich dem Zeitgeist angepaßt und Gesetze befürwortet, durch die der rechtliche Schutz des ungeborenen Lebens gelockert wurde. Die Minderheit in der Union war zwar noch relativ groß, aber ohne Chancen. Wie sehr christliche Positionen mittlerweile in allen Parteien als Minderheitenposition vertreten sind, zeigte sich ebenfalls bei der Abstimmung über den § 218. In allen Fraktionen gab es Abweichler. So votierte z. B. der FDP-Abgeordnete Dieter Julius Cronenberg für den Gesetzentwurf der Werner-Gruppe. Das Auseinanderdriften der CDU in der Abtreibungsfrage hat deutlich gemacht, daß sich nicht nur aus den Programmen, sondern vor allem aus der praktischen Politik der Parteien Konsequenzen in der Bewertung der Parteien ergeben. Eine Schlußfolgerung der aktuellen Debatte ist: Das für Christen wichtige Thema des Schutzes menschlichen Lebens führt heute nicht mehr eindeutig zur Präferenz einer Partei.

Anders sieht es noch beim Schutz von Ehe und Familie aus. Allein die Unionsparteien befürworten diesen besonderen Schutz. FDP, SPD und Grüne sprechen sich mehr oder weniger deutlich für die Anerkennung aller Lebensgemeinschaften aus, auch gleichgeschlechtlicher. Dies ist mit christlichem Verständnis von Ehe und Familie nicht zu vereinbaren. In der praktischen Politik haben die programmatischen Aussagen allerdings bisher zu keinen Konsequenzen geführt, da solche Ansinnen dem Grundgesetz, das Ehe und Familie unter den besonderen Schutz des Staates stellt, widersprechen.

Bei der Behandlung von Flüchtlingen zeigen SPD, FDP und Grüne in ihren Programmen ein Profil, das christlichen Vorstellungen entspricht. Alle drei Parteien lehnen eine Änderung des Grundgesetzes ab, während die CDU in ihrem Dresdner Manifest eine Ergänzung des Grundgesetzes verlangt. Die Asylfrage ist neben der Abtreibung das zweite bedeutende Thema geworden, bei dem Christen mit der CDU ihre Probleme haben. In beiden Fragen zeigt sich eine gewisse Parallelität: Die CDU hat jeweils grundsätzliche Positionen verlassen und sich vermeintlicher Mehrheitsmeinung angeschlossen. Versäumt hat es die Partei dagegen, in beiden Bereichen christliches Profil zu zeigen und zu vermitteln. Doch auch SPD und FDP wichen schließlich von den Grundsatzprogrammen in der Asylfrage ab. Beide Parteien befürworteten letztlich die Grundgesetzänderung. Die Auseinandersetzung um das Asylrecht wird zudem wenig christlich geführt. Schimpfworte wie „Asylanten“, „Scheinasylanten“ oder „Wirtschaftsflüchtlinge“ sind politisch etabliert. In der Flüchtlingspolitik sind Christen heute ebenso in der Minderheit wie in der Abtreibungsfrage.

In der Wirtschafts- und Sozialpolitik gehen alle Parteien davon aus, daß sie eine gerechte Wirtschaftsordnung wollen, sozialen Ausgleich und Wohlstand für alle. Die grundsätzlichen Ziele entsprechen der christlichen Soziallehre. Die unterschiedlichen Wege, welche die Parteien einschlagen wollen, können für Christen akzeptabel sein. In diesen Politikfeldern ergibt sich aus den Programmen keine natürliche Präferenz von Christen für eine Partei. Gleiches gilt für die politische Praxis, zumal Christen gerade im Bereich der Wirtschaftspolitik wie in weiten

Feldern der Sozialpolitik zu unterschiedlichen Schlußfolgerungen kommen können.
Ähnliches gilt in der Frage der Entwicklungs- und Friedenspolitik. Hier unterscheiden sich Parteiprogramme wie praktische Politik der Parteien nur wenig. Entwicklung, Frieden und Bewahrung der Schöpfung haben in allen Parteiprogrammen ihren Platz, wobei gesagt werden muß, daß vor allem die Grünen dem Thema Umweltschutz erst in der breiten Öffentlichkeit wie der Politik Geltung verschafft haben.
Aus der Übereinstimmung christlicher Positionen mit Parteiprogrammen wie auch aus der Konfrontation von christlichen Überzeugungen mit bestimmten Programmpunkten kann die Schlußfolgerung gezogen werden, daß Christen heute in fast jeder Partei mitarbeiten können. Zumindest gilt dies für die etablierten Parteien CDU/CSU, SPD, FDP und Grüne. Eine starre Konfrontation aufgrund der Minderheitenposition in einigen – wenn auch sehr wichtigen – Fragen müßte, wenn sie gewollt wird, alle Parteien umfassen. Denn die etablierten Parteien bewegen sich zum Teil erheblich von christlichen Positionen weg. Die Parteien passen sich dem Zeitgeist an. Sie sind nicht bereit, selbst gegenzusteuern und das Wertebewußtsein zu fördern. Die Parteien setzen in ihrer eigenen Organisation wie im Staat in die Praxis um, was der frühere Bundeskanzler Helmut Schmidt 1978 in einem Vortrag formulierte. Schmidt sagte damals: „Der Staat des Grundgesetzes kann als Staat nicht Träger eines eigenen Ethos sein – das will und soll er auch nicht sein, das will das Grundgesetz nicht. Nur das, was in der Gesellschaft an ethischen Grundhaltungen tatsächlich vorhanden ist, kann in den Rechtsetzungsprozeß eingehen, kann als Recht ausgeformt werden …“ Die Zuständigkeit für Werte beschrieb Schmidt mit den Worten: „Tua res agitur! Dies ist deine Sache – jedes einzelnen Sache, Sache jeder Gemeinschaft, Sache der Kirche.“ Dieses Abschieben der Verantwortung für die Wertevermittlung ist gängige politische Meinung und Praxis. Der Parlamentarische Geschäftsführer der CDU/CSU-Bundestagsfraktion, Jürgen Rüttgers, schrieb in der Auseinandersetzung um das „C“ in der Partei in einem Brief an Kardinal Meisner, „daß der Verlust an Wertekonsens in der Gesellschaft vor allem eine Anfrage an die

Kirchen ist". Der Anfrage sollten sich alle Christen, die in der Gesellschaft leben, jedoch ebenso stellen wie eine Partei, die das „christlich" im Namen trägt. Wer im christlichen Glauben eine „ethische Grundlage für verantwortliche Politik" sieht (CDU-Grundsatzprogramm), kann sich nicht darauf beschränken, Politik zu machen, sondern muß auch einen Beitrag zum Erhalt der Grundlage leisten. Davon sind die Parteien heute weit entfernt, einige wenige Mahner, die es in allen Parteien gibt, ausgenommen.

Um Politik zu beeinflussen, können Christen trotz dieser negativen Entwicklung der Parteien zum Ergebnis kommen, daß die Arbeit in einer Partei unerläßlich ist. Parteien wirken heute nicht nur an der politischen Willensbildung mit, wie es im Grundgesetz vorgesehen ist, sondern sie bestimmen weitgehend den Staat und zum großen Teil auch die Gesellschaft. Aufgrund dieser Vormachtstellung können Christen möglicherweise nicht umhin, in einer der etablierten Parteien aktiv zu werden, wenn sie ihre Weltverantwortung wahrnehmen wollen. Es sollte allerdings berücksichtigt werden, daß die Arbeit in einer Partei nur eine Möglichkeit des Weltdienstes ist. Diese ist weder zu unterschätzen noch zu überschätzen. Von den Parteien hängt weder das Heil der Welt ab noch das persönliche Schicksal des Christenmenschen.

Die Minderheitenposition in den etablierten Parteien wird Christen bei der Durchsetzung von bestimmten Positionen ebenso Grenzen setzen wie möglicherweise Gewissenskonflikte herbeiführen. Beim Abstimmungsverhalten innerhalb der Partei sind Christen frei und nur an das Gewissen und Gott gebunden. Bei Entscheidungen in Parlamenten sind der im Grundgesetz garantierten Gewissensfreiheit Grenzen gesetzt. Die ausdrückliche Aufhebung des Fraktionszwanges bei der Abstimmung über den § 218 hat vor Augen geführt, daß die Gewissensfreiheit im Grunde nur auf dem Papier besteht. Die Möglichkeiten, in bestimmten Fragen ständig abweichend von der Fraktionsmehrheit zu stimmen, sind deshalb begrenzt. Aus gleichem Grunde sind überparteiliche Koalitionen von Christen ähnlich theoretische Überlegungen. Die Praxis in Parteien und Fraktionen besagt, daß Mehrheitsentscheidungen gemeinsam gegen an-

dere Parteien vertreten werden. Für Christen kann dies zum Gewissenskonflikt führen.
Einen Ausweg bietet die Differenzierung von „Gesinnungsethik" und „Verantwortungsethik". Wer von seiner ethischen Gesinnung her in der Abtreibungsfrage einen uneingeschränkten Schutz des ungeborenen Lebens befürwortete, konnte dennoch bei der Schlußabstimmung im Parlament für einen eingeschränkten Schutz – wie ihn etwa der Mehrheitsentwurf der CDU/CSU-Fraktion vorsah – stimmen. Die Verantwortungsethik gebot es, diesem – im Gegensatz zur verabschiedeten „Fristenlösung" kleineren – Übel auch gegen die eigene Überzeugung zur Mehrheit zu verhelfen. Der Grat zwischen Gesinnungs- und Verantwortungsethik ist schmal. Vor allem in der politischen Taktik birgt das Wandeln auf diesem Grat Gefahren. Eine wichtige Frage wird immer sein, ab wann ein christlicher Politiker von seiner Position abweichen kann, um Schlimmeres zu verhindern. Schließlich wird sich zuweilen die Frage stellen, ob ein christlicher Politiker nicht gegen seine eigene Fraktion stimmen muß, selbst wenn der Fraktionszwang nicht aufgehoben ist.
Die Deutsche Bischofskonferenz hat in ihrem Wort „Christliche Verantwortung in veränderter Welt" einige Anforderungen an die Glaubwürdigkeit der Politiker formuliert. „Für die Glaubwürdigkeit des Politikers sind Entschiedenheit und Mut, Gerechtigkeit und Wohlwollen, Prinzipientreue und Kompromißbereitschaft unerläßlich," heißt es; und weiter: „Zudem ist es erforderlich, ehrlich zu sein und die politischen Ziele mit den Anschauungen und Werten, die man tatsächlich vertritt, in eine grundsätzliche Übereinstimmung zu bringen." Für christliche Politiker sollte das Bemühen, diesen Anforderungen zu entsprechen, selbstverständlich sein. Die praktische Umsetzung wird in den etablierten Parteien jedoch zunehmend schwieriger, vor allem der Einklang von politischen Beschlüssen und grundsätzlichen Werten. Dies trifft für das Engagement in allen etablierten Parteien gleichermaßen zu. Wenn die Entscheidung für die Mitarbeit in einer der Parteien – sei es CDU/CSU, SPD, FDP oder Grüne – getroffen wird, dann muß sie im Bewußtsein der abzusehenden Problematik getroffen werden. Christen, die

einen solchen Entschluß treffen, bedürfen bei aller notwendiger Kritik und sachlicher Auseinandersetzung der Unterstützung anderer Christen. Nur so läßt sich ein auftretender Gewissenskonflikt notfalls gegen die eigene Partei durchstehen.
Die Diskussion um den § 218 hat gezeigt, daß Christen ihr Verhältnis zu den etablierten Parteien neu definieren müssen. Die bisherige Verbindung zur CDU als „Vertreterin des religiösen Traditionalismus“ ist in dieser Form nicht mehr aufrechtzuhalten. Das Abrücken der CDU-Mehrheit vom uneingeschränkten Schutz des ungeborenen Lebens kann – ähnlich wie die Haltung der Partei in der Asylfrage – aus christlicher Sicht zu einer Neuorientierung führen. Während es beim Lebensschutz in der etablierten Parteienlandschaft keine Alternative gibt, ist diese bei der Asylproblematik vorhanden. Ob und wie der einzelne Christ sich orientiert, ist seiner Entscheidung überlassen. Hier kann und darf ihm niemand hineinreden.
Christliche Organisationen jedoch müssen darüber diskutieren, ob und wie sie in den etablierten Parteien mitarbeiten wollen. Bei der Vielzahl der kleinen Parteien stellt sich die Frage der Neubewertung des Verhältnisses nicht. Zum einen sind sie völlig bedeutungslos. Zum anderen kommen die Extremen unter ihnen für eine Mitgliedschaft von Christen nicht in Frage. Die von christlichen Verbänden formulierte Kritik an den Republikanern gilt weiterhin. Diese Partei schließt sich durch ihre Ansichten zu Ausländern oder zur Sozialpolitik und durch das von ihr vertretene Menschenbild von christlichen Positionen selbst aus. Ähnlich verhält es sich mit der PDS als Nachfolgeorganisation der SED. Der von ihr vertretene Sozialismus und das damit verbundene Menschenbild widersprechen christlichen Grundsätzen und der christlichen Soziallehre.
Extreme Parteien, die sich möglicherweise durch ihre programmatischen Aussagen zur Abtreibung bei Christen profilieren wollen, müssen darüber hinaus in anderen politischen Bereichen geprüft werden. Eine einseitige Ausrichtung kann für Christen in der Parteiarbeit keine Alternative sein. „Wenn Politik dem Menschen – und um seinetwillen dem Gemeinwohl – dienen soll, dann müssen sämtliche Grundwerte und Ordnungsgesetze hinreichend Beachtung finden. Politik kann in

diesem Sinn niemals Sache nur eines einzigen isolierten oder nur weniger Menschen Anliegen sein – und sei dieses Anliegen noch so dringend und plausibel“ (Die deutschen Bischöfe, Christliche Verantwortung ...). Ausgehend von diesem Leitsatz, kommen zur Zeit für ein politisches Engagement von Christen, das der umfassenden Weltverantwortung gerecht wird, nur die etablierten Parteien in Frage.

5. Christen können zu der Auffassung gelangen, daß in jeder bestehenden Partei eine Mitarbeit unmöglich ist. Für diesen Fall müssen neue Formen der Weltverantwortung entwickelt werden.

Die etablierten Parteien haben seit Beginn der 80er Jahre einen starken Mitgliederschwund zu verzeichnen. 1977/78, als CDU, CSU, SPD und FDP einen Höchststand an Mitgliedern hatten, zählten sie zusammen 4,39 Millionen Beitragszahler. Bis zum Ende der 80er Jahre sank die Mitgliedszahl auf 3,9 Millionen, und der Schwund hält an. Die Gründe für diese Entwicklung sind vielfältig. Der Soziologe Dr. Elmar Wiesendahl analysiert: „Neben dem seit längerem erkennbaren Konzentrations- und Integrationsverlust des etablierten Parteiensystems bei den Bundes-, Landes- und Kommunalwahlen zeigen sich auch auf der mentalen Beziehungsebene gravierende Entfremdungstendenzen und Vertrauenseinbrüche, die sich nicht mehr nur als traditionelle Anti-Parteieneffekte interpretieren lassen. Der Vertrauensverfall und die Beziehungsstörung, insbesondere zur Jugend, erhöhen den moralisch und gesellschaftlich zu überwindenden Schwellenwert des Beitrittes in eine Partei“ (in: Aus Politik und Zeitgeschichte, B 21/90).
Die Kritik an den etablierten Parteien ist breit gefächert. Einer der schärfsten Parteienkritiker, Professor Hans Herbert von Arnim, wirft den Parteien vor, auch als parteifrei konzipierte Einrichtungen zu „kolonisieren“ und mit Leuten ihres Vertrauens zu durchsetzen. Dies sei illegitim und werde durch Artikel 21 des Grundgesetzes („Die Parteien wirken bei der politischen Willensbildung des Volkes mit ...“) nicht gedeckt. Als

Beispiele nennt von Arnim die Besetzung des Verfassungsgerichtes, der Rechnungshöfe und der Bundesbank. „In anderen Bereichen ist der parteipolitische Einfluß auf die Personalrekrutierung (erst recht auf den Inhalt von Sachentscheidungen) in noch stärkerem Maße als irregulär, ja verfassungswidrig zu bewerten, so etwa in der Verwaltung, den öffentlich-rechtlichen Rundfunkanstalten und der Wissenschaft", betont der Professor für Öffentliches Recht (in: „Aus Politik und Zeitgeschichte, B 21/90).

Unter die Parteikritiker reihte sich unlängst Bundespräsident Richard von Weizsäcker ein. Er wirft den Parteien vor, „machtversessen auf den Wahlsieg und machtversessen bei der Wahrnehmung der inhaltlichen und konzeptionellen politischen Führungsaufgabe" zu sein. Den Berufspolitiker bezeichnet der Präsident weder als Fachmann noch als Dilettanten, sondern als Generalisten „mit dem Spezialwissen, wie man politische Gegner bekämpft". Weizsäcker nennt es „symptomatisch, daß ein Thema zum meistdiskutierten geworden ist, obwohl es nicht Ursache, sondern nur eine Folge des Unbehagens ist: die Parteienfinanzierung".

Angesichts des sich „epidemisch" verbreitenden Mißtrauens gegen Politiker und Parteien macht sich Sorge breit. Die pauschale Verurteilung der politischen Führungsschicht mündet nach Ansicht von Dr. Renate Köcher vom Demoskopischen Institut Allensbach zwangsläufig in eine Verachtung der Politik. Und sie stellt die besorgte Frage: „Wieviel Verachtung und Mißtrauen gegenüber der Politik verträgt ein Staat?" (FAZ, 11. 6. 1992).

Die berechtigte Kritik an den Parteien geht an Christen nicht spurlos vorüber. Christen verlassen die Parteien bzw. treten ihnen erst gar nicht bei. Christen enthalten sich bei Wahlen der Stimme. Dieses Verhalten führte dazu, daß die Diözesanräte der Katholiken im Bistum Essen und im Erzbistum Köln sowie das Diözesankomitee katholischer Verbände im Bistum Münster zur nordrhein-westfälischen Landtagswahl 1990 einen „Aufruf an die Partei der Nichtwähler" veröffentlichten. Darin wurde die Kritik an Parteien und Politikern ernst genommen, zugleich jedoch darauf verwiesen, daß Nichtwähler ihre Chancen vertun, den künftigen Kurs der Politik mitzubestimmen.

Völlige politische Enthaltsamkeit bis zur Verweigerung der Stimmabgabe kann es für Christen aufgrund ihrer Weltverantwortung nicht geben. Christen sind dem Gemeinwohl in besonderem Maße verpflichtet. Der Erhalt und die Stärkung des demokratischen Staates müssen ihnen ein Anliegen sein. Christen müssen sich bewußt sein, daß sie durch Verweigerung nicht den etablierten Parteien einen Denkzettel erteilen, sondern extreme Kräfte stärken. Für die Wahlentscheidung gilt es deshalb, Parteien und Politiker zu prüfen und notfalls das „kleinere Übel" zu wählen.
Was die Mitgliedschaft oder Mitarbeit in den etablierten Parteien angeht, so können Christen zu dem Schluß kommen, daß dies für sie aufgrund des Bildes, das die Parteien abgeben, wie aufgrund der zwangsweise in einigen Fragen auftretenden Minderheitensituation nicht in Frage kommt. Für diesen Fall müssen neue Formen der Weltverantwortung gesucht werden.
Die naheliegendste Lösung wäre die Gründung einer neuen, konsequent christlichen Partei. Die Schwierigkeiten, die bei einer solchen Initiative auftreten würden, wären groß. Es ist nicht leicht, das Parteien-Oligopol von CDU/CSU, SPD, FDP und Grünen aufzubrechen, auch wenn dies vor mehr als zehn Jahren den Grünen und neuerdings – zumindest regional – den Republikanern gelang. Auf ähnlichen Erfolgsrezepten wie der Einbringung eines völlig neuen Gedankens in die Politik, wie es der Umweltschutz bei den Grünen war, oder der Ausnutzung von negativen Stimmungen in der Bevölkerung, wie es die Ausländerfrage bei den Republikanern ist, könnte eine neue christliche Partei nicht aufbauen. Ein völlig neues Thema ist nicht in Sicht, das politische Ausschlachten von Antistimmungen schließt sich für eine christliche Partei von selbst aus. Profil gewinnen könnte eine solche neue christliche Partei dagegen im Bereich des Lebensschutzes, in der Ausländerpolitik wie auch in Teilen der Sozialpolitik. Vor allem in den beiden ersten Bereichen wären die Parteimitglieder und Wähler nicht gezwungen, sich der Mehrheitsmeinung des Zeitgeistes zu unterwerfen.
Weitaus problematischer als die Inhalte wären für eine neue Partei die Personalfragen. Wer heute Politik an die Frau oder den Mann bringen will, muß über bekannte, charismatische

Personen verfügen. Gerade in der Mediengesellschaft sind Leitfiguren gefragt, die politische Inhalte attraktiv verkörpern. Solche Personen „aufzubauen“ oder aus den etablierten Parteien zu gewinnen dürfte die größte Hürde sein. Allerdings ist das Hindernis angesichts des großen Potentials aktiver Christen nicht unüberwindbar.

Der Vorteil einer neuen christlichen Partei wäre, daß sie ein eindeutigeres Profil zeigen könnte als die großen Volksparteien. Sie könnte mehr Grundsatztreue an den Tag legen, im positiven Sinne radikal-christlich sein. Die entchristlichte Gesellschaft kehrt insofern die Geschichte um. In den 20er Jahren arbeitete der Priester und Sozialpolitiker Heinrich Brauns, der dem katholischen Zentrum angehörte, auf eine große Wählermassen erfassende Mittelpartei hin, „die religiös-sittlich fundamentiert und orientiert“ sein sollte. Er glaubte, daß dadurch Extreme am besten paralysiert werden könnten. Diese Volksparteien hat es nach dem zweiten Weltkrieg gegeben. Sie haben extremistische Positionen lange Zeit fernhalten können. Der Verlust an Konturen bei den Volksparteien hat jedoch dazu geführt, daß in letzter Zeit immer mehr Wähler ihre Stimme gar nicht oder für extreme Parteien abgaben. In einer weitgehend entchristlichten Gesellschaft besteht zudem für eine „religiös-sittlich fundamentierte und orientierte“ Partei kaum noch die Chance, breite Wählermassen anzusprechen. Deshalb scheint jetzt der Punkt erreicht zu sein, an dem für Christen der Weg wieder von der Volkspartei hin zur kleineren christlichen Partei führen kann.

Die Entscheidung für eine neue christliche Partei hätte Vor- und Nachteile. Christen sollten diese Fragen offen diskutieren. Die von Kardinal Meisner angestoßene Debatte um das „C“ in der CDU könnte in der Diskussion um eine neue christliche Partei ihre Fortsetzung finden. Dabei muß von der Grundsatzfrage ausgegangen werden, wie christliche Positionen in den Parlamenten am wirksamsten eingebracht werden können.

Als Ausgangslage ist zu berücksichtigen, daß die politischen Parteien als Instanzen, über die man Einfluß auf die Politik nehmen möchte, insgesamt in einer Krise stecken. „Das mündige Volk setzt offenbar nicht mehr auf die Parteien als seine Sprach-

rohre", schreibt Elmar Wiesendahl. Immer mehr Bürger kämen zu der Überzeugung, daß es attraktiver und wirksamer sei, sich im Streben nach politischer Einflußnahme nicht innerhalb, sondern außerhalb und gegen die etablierten Parteien zu engagieren. „Längst haben die Parteien ihr Partizipationsmonopol politischer Willensbildung verloren. Sie bilden nur noch einen unter mehreren greifbaren, neuen Partizipationskanälen. Die Aktivbürger haben längst ihr politisches Handlungs- und Aktionsrepertoire an den Parteien vorbei in nichtinstitutionalisierte Bereiche ausgedehnt, gelebte Demokratie in der Bundesrepublik ist heute nicht mehr nur Parteiendemokratie," stellt Wiesendahl fest (E. Wiesendahl, a. a. O.).
Unter dieser Voraussetzung können Christen ihre Weltverantwortung auf andere Weise als in einer Partei wahrnehmen. Eine Möglichkeit sind die christlichen Verbände. Im demokratischen Staat nehmen Verbände verschiedenster Art Einfluß auf politische Entscheidungen, sei es durch Einwirken auf die Parlamente oder – was immer wichtiger wird – auf die Exekutive. Die Chancen der Einflußnahme hängen ab vom Organisationsgrad, also der Möglichkeit, Wähler in die eine oder andere Richtung zu mobilisieren, und von der Möglichkeit, Leistungen zu erbringen oder zu verweigern. Der Organisationsgrad von einigen christlichen Verbänden ist sehr hoch. Eine Reihe von christlichen Verbänden erbringt zudem für den Staat kaum verzichtbare Leistungen im sozialen Bereich. Damit sind günstige Voraussetzungen für die Einflußnahme gegeben. Allerdings fehlt es vielfach an der politischen Schlagkraft der Verbände wie an der heute nötigen Unterstützung durch die öffentliche Meinung, durch die Massenmedien. Als weiterer Nachteil kommt die Zersplitterung der christlichen Verbände in zahlreiche Einzelorganisationen, die bei der Bildung von Aktionsgemeinschaften schwerfällig sind, hinzu. Schließlich erschweren die konfessionellen Unterschiede die gemeinsame politische Einflußnahme, was sich in der Abtreibungsfrage – wie beschrieben – besonders negativ ausgewirkt hat. Die bestehenden Handicaps der politischen Arbeit christlicher Verbände ließen sich beseitigen. Es ist kein Naturgesetz, daß christliche Verbände, die z. T. einen höheren Organisationsgrad haben als Parteien,

Gewerkschaften oder Unternehmensverbände, gleichzeitig weniger Einfluß ausüben.
Wenn Christen ihre Weltanschauung politisch wahrnehmen wollen (und das müssen sie, um Erfolge für die Menschen zu erringen), dann müssen sie politischer agieren und die Möglichkeiten des modernen Lobbyismus nutzen. Die Verbände müssen christliche Lobby in der entchristlichten Gesellschaft sein.
Die katholischen Bischöfe haben in ihrem bei der Frühjahrsvollversammlung 1990 verabschiedeten Wort zur Stellung der Verbände festgestellt, daß die mehr als 100 überdiözesan tätigen Verbände mit ihren über 4,5 Millionen Mitgliedern ein großes Potential bilden, um den Auftrag der Kirche in der Welt von heute zu erfüllen. Gleichzeitig wird auf die Krise der Verbände hingewiesen. „Sie werden beeinflußt von gesellschaftlichen Tendenzen, wie einer falschen Anpassung an rein weltliche, normfeindliche Lebensauffassungen und eines unsolidarischen Rückzuges in das Private und in eine reine Innerlichkeit", schreiben die Bischöfe, die betonen, daß Krise für Christen nicht gleichbedeutend mit Niedergang ist. „Krise fordert heraus zu vertieftem Nachdenken über den bisherigen Weg im religiösen und sozialen Leben, verlangt Umdenken und Umkehr."
Umdenken und Umkehr müssen über die geistig-geistliche Erneuerung hinaus die politische Erneuerung umfassen, weniger die Inhalte als mehr die Art der politischen Aktion. Christen müssen sich von politischen Ereignissen ihr Handeln nicht aufzwingen lassen, aber sie dürfen den Ereignissen auch nicht hinterherlaufen. Ebensowenig dürfen Christen vor der Welt fliehen, in der es nicht immer leicht ist, konsequent christliche Positionen zu vertreten und sich offen als Christ zu bekennen. Wer die Flucht nach innen antritt, vergibt eine große Chance und überläßt das Feld bei der Gestaltung von Staat und Gesellschaft jenen, die mit christlichen Werten nichts im Sinn haben. Deshalb müssen christliche Verbände offensiver, politischer werden. Die Mitglieder müssen geschult werden, um als sachlich kompetente Gesprächspartner akzeptiert zu werden. Wenn ein neuer Aufbruch in den Verbänden gelingt, können die demokratischen Willensbildungsprozesse außerhalb der Parteien wieder stärker beeinflußt werden.

Weltverantwortung können Christen auch in nicht spezifisch christlichen Organisationen und Verbänden wahrnehmen, sei es durch die Mitarbeit in einer Gewerkschaft, in einem Unternehmensverband oder in einer anderen Interessengruppe. Dabei gibt es Schmerzgrenzen, auf die schon hingewiesen wurde. Wenn die Verbände Christen nicht durch einseitige (außerhalb ihres Zuständigkeitsbereiches liegende) Beschlüsse hinausdrängen, dann sind Christen zur Mitgliedschaft und aktiven Teilnahme in den Verbänden gefordert. Sie können innerverbandlich christliches Profil zeigen wie auch die Verbände – bei entsprechender Stärke der Christen – insgesamt beeinflussen. In diesen Bereichen gilt ebenfalls, daß es den Rückzug von Christen aus den gesellschaftlich relevanten Gruppen nicht geben darf.

Politische Entscheidungen im weitesten Sinne werden nicht nur in den Verbänden getroffen. Verbände beeinflussen gesellschaftliche und politische Strömungen. An diesem Prozeß müssen sich Christen aktiv beteiligen, indem sie aus dem Geist und der Kraft des Evangeliums politisch handeln. Das weite Feld der Politik darf nicht kampflos anderen überlassen werden.

Ein breites Spektrum von Möglichkeiten politischer Betätigung außerhalb von Parteien bietet sich auf lokaler Ebene an. Dazu gehört die Mitarbeit in Kindergartenräten und Gremien der Schulen. Gerade in diesem wichtigen Bereich der Erziehung sind Christen gefordert, ihre Werte einzubringen. Die Mitwirkungsmöglichkeiten an Entscheidungen zu nutzen, die für die Zukunft der jungen Generation von Bedeutung sind, ist für Christen eine vorrangige Aufgabe. Der Staat hat den Eltern im Erziehungs- und Bildungswesen Mitwirkungsrechte zugestanden. Diese gilt es – nicht zuletzt als Abwehrrecht gegen einen zu großen Einfluß des Staates – durch aktive Teilnahme zu wahren.

Auf lokaler oder städtischer Ebene können Christen sich in Vereinen, Gruppen oder Bürgerinitiativen betätigen bzw. selbst welche gründen, um christliches Gedankengut in politische Entscheidungen einzubringen. Aufgaben, die einer Lösung bedürfen, gibt es genügend. Als Beispiele seien die Schaffung kinder- und familienfreundlicher Städte, die Bewahrung der

Schöpfung und der Einsatz für jugendgerechte Lebensmöglichkeiten genannt. In diesen und vielen anderen Bereichen können überzeugte Christen zum Wohl der Menschen wirken.
Politisches Engagement von Christen ist gerade vor dem Hintergrund der Entchristlichung von Staat und Gesellschaft wichtig. Der nach dem zweiten Weltkrieg im Westen Deutschlands gegründete Staat war christlich geprägt. Dies drückt sich im Grundgesetz aus. Der Parlamentarische Rat verabschiedete die Verfassung „im Bewußtsein seiner Verantwortung vor Gott und den Menschen", wie es in der Präambel heißt. Der Staat im Westen Deutschlands war auf christlichen Fundamenten aufgebaut. Der Staatsrechtler Professor Josef Isensee spricht in diesem Zusammenhang von einem „Kanon ethischer Werte", der in Grundrechten und Staatszielen enthalten sei. Isensee stellt fest: „Mögen sie im einzelnen dem liberalen, dem konservativen, dem sozialistischen Gedankenkreis entstammen, so lassen sie gleichwohl alle den – zumindest mittelbaren – Zusammenhang mit dem Christentum erkennen" (Essener Gespräche, Bd. 11, S. 93).
Der Staat rückt heute – vor allem nach der Wiedervereinigung – immer mehr von diesen Grundlagen ab. Beispielhaft hierfür ist, daß in den Landesverfassungen für die neuen Bundesländer und in der neuen niedersächsischen Verfassung die „Verantwortung vor Gott" nicht auftaucht. Ein weiteres deutliches Anzeichen der Entchristlichung des Staates ist, daß der Artikel 6 des Grundgesetzes, der Ehe und Familie unter den besonderen Schutz des Staates stellt, ins Wanken gerät. Von vielen Seiten gibt es Bestrebungen, diesen Artikel zu erweitern. So forderten die Frauen in der SPD-Bundestagsfraktion unlängst, künftig sollten alle auf Dauer angelegten Lebensgemeinschaften geachtet werden und solche mit Kindern und Hilfsbedürftigen besonderen staatlichen Schutz genießen. Ähnlich ist es in der brandenburgischen Landesverfassung bereits formuliert.
Trotz solcher staatlicher Abkehr von christlichen Fundamenten ist politische Resignation ebensowenig angebracht wie eine Abkehr vom Staat. Die Entwicklung im Staat muß für Christen vielmehr Herausforderung sein zu neuem politischen Engagement. Das Zweite Vatikanische Konzil hat die Christen ge-

mahnt, in der politischen Gemeinschaft die ihnen eigene Berufung zu beachten. „Sie sollen beispielgebend dafür sein, insofern sie pflichtbewußt handeln und sich für das Gemeinwohl einsetzen. Sie sollen durch ihre Tat zeigen, wie sich Autorität mit Freiheit, persönliche Initiative mit solidarischer Verbundenheit zum gemeinsamen Ganzen, gebotene Einheit mit fruchtbarer Vielfalt verbinden lassen. Berechtigte Meinungsverschiedenheiten in Fragen der Ordnung irdischer Dinge sollen sie anerkennen, und die anderen, die als einzelne oder kollektiv solche Meinungen anständig vertreten, sollen sie achten“ (Kirche und Welt, Nr. 75).

Für die politische Tätigkeit von Christen ist dies ein hoher Anspruch. In einer Zeit, in der politische Auseinandersetzungen mit harten Bandagen geführt werden, wird es immer schwieriger, diesem Anspruch gerecht zu werden. Deshalb müssen Christen für ihren politischen Einsatz nach Formen suchen, die der christlichen Verantwortung entsprechen und mit denen sie gleichzeitig im pluralistischen Staat bestehen können.

So mancher Christ mag sich erschlagen fühlen, von dem, was er tun könnte, sollte und eigentlich müßte. Einerseits scheint ein breites politisches Engagement die Kräfte der Christen zu übersteigen, andererseits gilt Politik auch unter Christen als „schmutziges Geschäft“. Beide Bedenken können für Christen jedoch nicht zur Geltung kommen. Es gibt viele Christen, die sich in verschiedenen Bereichen politisch betätigen. Nicht diese sind gefordert, noch mehr zu tun, sondern jene, die sich in Abstinenz von der Weltverantwortung üben. Das Reservoir ist nicht erschöpft. Es gilt, freie Kräfte für politische Aktivität zu mobilisieren. Die zu beobachtende Entwicklung, daß immer weniger Christen immer mehr leisten, muß einen Umkehrschub bekommen, so daß die Leistungen, die Christen in der Welt zu erbringen haben, auf mehr Schultern verteilt werden. Jeder nach seinen Kräften und Möglichkeiten. Wenn Christen sich in politischer Abstinenz üben, leisten sie der Entwicklung, daß das politische Geschäft noch schmutziger wird, Vorschub. Deshalb müssen Christen politische Menschen sein, auch auf die Gefahr hin, daß sie sich einmal selbst die Hände schmutzig machen.

6. Christen müssen durch ihr Engagement als Christen erkennbar sein. Soziale Tätigkeit muß auch ohne oder gar gegen den Staat stattfinden.

Den größten Dienst an und in der Welt leisten Christen im sozialen Bereich. Diakonie ist neben der Verkündigung und dem Martyrium einer der Grundvollzüge christlichen Glaubens. Angesichts der Vielzahl caritativer Dienste von Christen scheint Diakonie heute der Glaubensvollzug schlechthin zu sein. Wenn auch über die Gewichtung gestritten werden kann, wenn es zuweilen einen Legitimationsbedarf für den breiten, fast flächendeckenden sozialen Einsatz der Nächstenliebe – vor allem der organisierten – gibt, so ist Diakonie als Christenpflicht insgesamt unstrittig. Im Gegenteil: Christen müssen durch ihr soziales Engagement als Christen erkennbar sein. Das Zeugnis braucht Zeugen.

Das Heer derer, die aus christlicher Überzeugung sozial tätig sind, ist groß. Im katholischen Bereich zählt der Deutsche Caritasverband über 300 000 hauptamtliche Mitarbeiterinnen und Mitarbeiter. Die Zahl der ehrenamtlich Tätigen liegt um ein vielfaches höher. Christen bilden im sozialen Dienst eine nicht zu übersehende Größe.

Die zahlreichen sozialen Aufgaben, die Christen erfüllen, haben zu einer Verflechtung mit dem Staat geführt. Der Staat hält sich an das Subsidiaritätsprinzip und überläßt freien Trägern – darunter den christlichen – gern soziale Dienste. Dadurch entwickeln sich Abhängigkeiten, vor allem im Bereich hauptamtlicher, mit staatlicher Unterstützung durchgeführter Diakonie. Die damit in der pluralistischen Gesellschaft verbundenen Schwierigkeiten beschreibt Dr. Hejo Manderscheid im Caritas-Jahrbuch 1991: „Die gesellschaftlich konkurrierenden Wertvorstellungen beispielsweise um den Schutz des ungeborenen Lebens, die Rolle der Frau, den Wert des Ehrenamtes, die Grundrichtungen von Erziehung ... brechen sich jeweils in der konkreten kirchlichen Sozialarbeit, weil caritative Dienste und Einrichtungen integrale Bestandteile des Sozialstaates wie auch der Kirche sind. Diese spannungsgeladene Verortung organisierter Caritas in der Bundesrepublik macht es notwendig, in einer Art

Dauerversuch sozialstaatlich vorgegebene Leistungsziele und kirchlich-diakonische Sinngebung miteinander zu vereinbaren und dialogfähig zu halten." Dies sei heute besonders schwierig, weil die Grundbedingungen, die zu dieser spezifischen Verflechtung geführt hätten, nicht mehr gegeben seien, nämlich der soziale und politische Katholizismus des 19. Jahrhunderts. „Mit der Auflösung der damals gegebenen milieubezogenen Einbindungen wird heute auch zunehmend die Ortsbestimmung der Caritas in einer weitgehend individualisierten und subpolitisch gesteuerten Gesellschaft prekär", meint Manderscheid, der sich aber gegen eine „anti-modernistische, staatsfeindliche Perspektive" wendet. Weil der Sozialstaat selbst christliche Wurzeln habe, sei eine Kooperation gerade angesichts effektiver Problemlösungen und Verläßlichkeit notwendiger Standards unumgänglich (Caritas-Jahrbuch 91, S. 59ff.).
Die Entscheidung des Bundestages und das Urteil des Verfassungsgerichtes zur Abtreibung stellen die Frage nach christlichem sozialem Engagement im System des Staates erneut. Dies betrifft in erster Linie die Problematik der Abtreibung. Darüber hinaus wird am aktuellen Beispiel deutlich, daß die Verflechtungen mit staatlichen Zielen möglicherweise auch in anderen Bereichen überdacht werden müßten. Was die Abtreibung betrifft, werden Christen unter den Bedingungen der „Fristenlösung" die Verflechtung ihrer sozialen Tätigkeit mit den Zielen de Staates in jedem Fall aufbrechen müssen. Der Mainzer Bischof Karl Lehmann hat dies in einem Brief an die Beraterinnen in seiner Diözese deutlich gemacht. Er schrieb, das Gesetz würde der Kirche nicht erlauben, eine Beratung nach der bisherigen Konzeption durchzuführen, und „uns zu ethisch höchst bedenklichen Maßnahmen zwingen und uns damit aus dem offiziellen Beratungssystem verdrängen". Ähnlich argumentierte der Hildesheimer Bischof Josef Homeyer. Das Ausstellen eines Beratungsscheines würde die Kirche „in eine solche Nähe zur Tötung ungeborener Kinder bringen", daß dies nicht mehr zu rechtfertigen sei, meinte Homeyer. Dies ist auch nach dem Urteil des höchsten Gerichtes der Fall. Beratung ist einzige Voraussetzung für die Tötung.
Die Grenze für christliches soziales Handeln nach den Vorstel-

lungen des Staates ist immer dann erreicht, wenn durch die caritative Tätigkeit in nicht zu rechtfertigender Weise gegen christliche Wertvorstellungen verstoßen würde. Dies war bei der im verabschiedeten Gesetz zur Reform des § 218 vorgesehenen Beratung zweifellos gegeben. Im § 219 des Gesetzes heißt es: „Die Beratung dient dem Lebensschutz durch Rat und Hilfe für die Schwangere unter Anerkennung des hohen Wertes des vorgeburtlichen Lebens und der Eigenverantwortung der Frau." Das Lebensrecht des ungeborenen Kindes und die Eigenverantwortung der Frau sind nach dem Wortlaut des Gesetzes gleichgestellt. Im Urteil des Bundesverfassungsgerichtes hat zwar das Lebensrecht des Kindes Vorrang vor dem Selbstbestimmungsrecht der Frau, aber dies gilt nur grundsätzlich. In der Praxis kann die Frau eine straffreie Abtreibung „verlangen". Für Christen kann es jedoch nie ein eigenverantwortliches Verfügungsrecht über das Leben eines anderen Menschen geben. Das BVG hat nun entschieden, daß Beratung immer auf den Erhalt des Lebens ausgerichtet sein muß. Damit kam das Gericht katholischen Auffassungen von Beratung entgegen. Was allerdings weder auszugleichen noch wegzudiskutieren ist, ist die unmittelbare Beteiligung der Beratung an der Tötung ungeborener Kinder.

Bei der „Fristenlösung" mit Beratungspflicht ist Beratung die einzige Voraussetzung für die Straffreiheit. „Die Beratung selbst ist die staatlich vorgesehene Prozedur zur Erlangung der Tötungslizenz", wie der Soziologe Norbert Martin betont (Rhein. Merkur, 5. 4. 1991). Diese „Tötungslizenz" können Christen nicht erteilen. Ebenso können sie ihre Beratung nicht an die Intention des Gesetzgebers anpassen. Staatliche Ziele und Vorgaben liegen in diesem Fall so weit von christlicher Diakonie weg, daß beides nicht miteinander zu vereinbaren ist.

Beratung als Einbindung in den Prozeß, der zur Tötung ungeborener Kinder führt, ist keine Tat der Nächstenliebe. Das Ausstellen des Beratungsscheines als einzige Voraussetzung für die Abtreibung muß den Eindruck erwecken, als könne für Christen die Tötung ein Mittel der Problemlösung sein. Durch das Ausstellen des Beratungsscheines wird bei negativem Ausgang des Gesprächs die Erlaubnis zur Tötung erteilt. So jedenfalls ist

es durch das Verfassungsgericht geregelt. Die Intentionen der Beraterin spielen dann keine Rolle mehr.
Der Rückzug von Christen aus dem staatlichen System der Beratung kann natürlich nicht bedeuten, daß die Christen dieses Werk der Nächstenliebe völlig aufgeben. Einige katholische Bischöfe haben schon deutlich gemacht, daß die Beratung weiter ausgebaut werden müsse, vor allem auch mit Blick auf die Nachbetreuung von Frauen, die abgetrieben haben. Christen müssen jetzt durch ihr Engagement nicht nur nicht mehr mit dem Staat, sondern gezielt gegen ihn arbeiten. Christliche Beratung muß darauf ausgerichtet sein, Leben zu erhalten. Sie muß darauf abzielen, daß die staatlich vorgesehenen Möglichkeiten nicht genutzt werden.
Problematisch wird es sein, die Zielgruppe der Beratung zu erreichen. Schwangere, die zur Abtreibung entschlossen sind, werden kaum eine Beratungsstelle aufsuchen, die keine Bescheinigung ausstellt. In diesen Fällen muß die Frage aufgeworfen werden, ob die gesetzlich vorgeschriebene Beratung nicht nur eine Formsache ist, um die „Tötungslizenz" zu erhalten. Schwierig wird es sein, die Unentschlossenen anzusprechen. Sie müßten schließlich eine weitere Beratungsstelle aufsuchen, wenn sie eine Bescheinigung haben sollen. Es blieben lediglich diejenigen, die das Kind ohnehin bekommen wollen, die aber dennoch Unterstützung brauchen.
Allein diese letzte Gruppe würde christliche Beratung schon legitimieren. Eine für das Kind getroffene Entscheidung – vielleicht gegen das Umfeld – zu stützen, Ansprechpartner zu sein und materielle Hilfen zu vermitteln sind nicht zu unterschätzende Aufgaben. Diese könnten durch ein möglicherweise kleiner werdendes Potential von Ratsuchenden intensiver wahrgenommen werden. Für die Einzelgespräche bliebe mehr Zeit, Ratsuchende könnten schneller und häufiger einen Termin erhalten. Darüber hinaus sind die Unentschlossenen eine Zielgruppe, um die es zu werben gilt. Wenn christliche Beratungsstellen ein klares Profil entwickeln und dieses offensiv nach außen vertreten, dann besteht die Chance, daß unentschlossene Schwangere die Beratung aufsuchen, weil sie diese Art der Hilfestellung nirgendwo anders bekommen.

Christliches Engagement gegen den Staat muß sich auch in der materiellen Hilfe für schwangere Frauen und Familien in Notlagen erweisen. Die mit dem Gruppenantrag im Bundestag beschlossenen sozialen Maßnahmen sind zu gering, als daß sie eine spürbare Hilfe wären. Das Kindergeld deckt ebenfalls nicht die Kosten für ein Kind. Deshalb wird das Bereitstellen von Erstausstattungen – sowohl Kinderzimmer als auch Kleidung – ebenso notwendig sein wie Hilfen in den ersten Lebensjahren der Kinder, z. B. durch Betreuung der Kinder oder materielle Unterstützung. Christen müssen der staatlichen Norm der Tötungsmöglichkeiten ihre Norm der Solidarität mit dem Leben und die praktische Hilfe entgegensetzen. Nicht durch Einbindung in das staatliche System, sondern durch praktizierte Nächstenliebe außerhalb dieses Systems müssen Christen versuchen, Leben zu retten.

Der Staat rechnet nicht nur mit den sozialen Diensten von Christen, sondern er erwartet sie in vielen Bereichen sogar. Christen reagieren oft schneller auf soziale Notlagen, als es staatliche Bürokratie je könnte. Christliche Sozialarbeit ist flexibler und effektiver. Neben hauptamtlich in den kirchlichen Organisationen Tätigen gibt es eine große Zahl ehrenamtlich im sozialen Dienst tätige Christen, deren Einsatz für den Staat nicht bezahlbar wäre. Diese Vorteile haben bei Politikern eine Erwartungshaltung an die Christen und ihre Kirchen entstehen lassen, der Christen zumeist selbstverständlich gerecht wurden. Der soziale Einsatz als Konsequenz aus dem Gebot Jesu Christi „Liebt einander" ist dem Staat willkommen. Dabei geht es dem weltlichen Staat allerdings mehr um finanzielle Einsparungen und die Qualität der sozialen Einrichtungen als um das Fundament, auf dem Christen ihren Dienst am Menschen aufbauen. Im entchristlichten Staat wird diese Kluft zwischen materieller Erwartung des Staates und geistiger Grundlage von Christen immer größer werden. Diese Entwicklung muß nicht gegen das soziale Engagement von Christen sprechen. Christliche Nächstenliebe bedarf nicht staatlicher Legitimation oder Unterstützung. Daß sie möglicherweise dem Staat nützt, ist kein Gegenargument. Eher ist dies ein Beitrag zum Weltdienst der Christen am Staat.

Andererseits können Christen nicht jede Erwartung des Staates erfüllen. Was für die Beratung im Zusammenhang mit der Abtreibung zutrifft, könnte für Christen auch in anderen Bereichen aktuell werden. Christliches Engagement gegen den Staat, ohne zunächst dessen Gesetze zu brechen, wird immer dann nötig sein, wenn der Staat sogenannte Freiheiten schafft, die gegen christliche Gebote verstoßen. Ein Beispiel könnte die Sterbehilfe werden. Mit der Freigabe der Abtreibung ist menschliches Leben zur Disposition gestellt worden. Dieser Einbruch in das uneingeschränkte Lebensrecht des Menschen wird Folgen für die Sterbehilfe haben, wie schon erläutert wurde. Wenn der Staat die Sterbehilfe als aktive Tötung erlaubt, sind Christen aufgefordert, gegen ein solches staatliches Gesetz anzugehen. Christen müßten in diesem Fall Menschen Zuflucht gewähren, die in Würde sterben wollen. Sie müßten der aktiven Sterbehilfe die humane Sterbebegleitung entgegesetzen. Die bestehenden Einrichtungen müßten ausgebaut werden. Die Tötung eines Menschen kann für Christen keine Alternative sein, auch nicht bei Krankheit oder im Alter. Sollte der Staat diese Möglichkeit vorsehen, so ist von Christen ebenso aktiver Widerstand gefordert wie bei der Abtreibung. Wenn die politische Auseinandersetzung wiederum verlorengehen sollte, dann müssen Christen mit allen ihnen zur Verfügung stehenden Mitteln gegen die staatlichen Gesetze arbeiten. Christliche Nächstenliebe gegen den Staat ist ebenfalls bei der Aufnahme und Betreuung von Flüchtlingen nötig. Wenn der Staat Flüchtlinge nicht mehr aufnehmen will, müssen Christen überlegen, wie sie den Menschen helfen können. Die schon beschriebene Verpflichtung für Christen, Flüchtlinge aufzunehmen, gilt auch dann, wenn der Staat eine andere Auffassung vertritt.

Soziales Engagement von Christen kann niemals nur Ersatz für Leistungen des Staates sein, die dieser nicht erbringen will. Es muß vielmehr dort ansetzen, wo der Staat und die Gesellschaft versagen. Der Einsatz von Christen muß jenen gelten, die vom staatlichen sozialen Netz nicht aufgefangen werden oder vielleicht nicht aufgefangen werden wollen. Vor allem muß der Grund erkennbar sein, warum Christen dieses oder jenes tun. Der Grund kann nicht sein, weil der Staat Zuschüsse zahlt. Der

Grund kann ebenfalls nicht sein, um im Konzert der vielen Wohlfahrtsverbände mitzuspielen. Christlicher sozialer Dienst muß seine Begründung immer im Glauben, in der Bibel finden. Dies müssen die Menschen, denen geholfen werden soll, spüren. Ist dies nicht der Fall, dann verkommt christliche Nächstenliebe zur staatlich unterstützten Dienstleistung. Billige Hilfskraft des Staates zu sein, kann jedoch nicht Sinn und Zweck christlicher Nächstenliebe sein.

Christen sind ständig gefordert, ihre sozialen Dienste kritisch zu überprüfen. Wenn bestimmte Aufgaben nicht mehr mit spezifisch christlichem Geist gefüllt und erfüllt werden können, sollten sie anderen überlassen werden. Statt dessen müssen neue Herausforderungen angenommen werden, auf die die schwerfällige Bürokratie des Staates (noch) nicht reagiert. In jedem Fall muß dies geschehen, wenn es gilt, christliche Gebote gegen staatliche Normen zur Geltung zu bringen. Dabei kommt es nicht nur darauf an, Christen zu unterstützen und ihnen Hilfestellung gegen den Staat und die Gesellschaft zu geben. Vielmehr müssen auch Nichtchristen in das Angebot einbezogen werden. Diakonie ist eine Form der Missionierung. Durch praktische Werke der Nächstenliebe lassen sich Menschen ansprechen, die durch die Verkündigung nicht mehr erreichbar sind.

Die Abkehr des Staates von christlichen Normen, Zielen und Grundwerten muß zwangsläufig zur Spannung zwischen Christen und dem Staat führen. Dieses Spannungsverhältnis kann nicht ohne Auswirkung auf soziales Engagement von Christen im Staat sein. Allerdings können diese Konflikte nicht durch Verweigerung sozialer Tätigkeit gelöst werden. Dies würde dem christlichen Auftrag widersprechen. Vielmehr müssen solche Konflikte zu verstärktem sozialem Dienst von Christen unter den Bedingungen christlicher Zielsetzung führen. Dies ist nicht nur eine Anfrage an die organisierte soziale Tätigkeit, sondern vor allem an die ehrenamtliche. Gerade ehrenamtlich tätige Christen haben noch größere Möglichkeiten, unabhängig vom Staat zu arbeiten. Sie können soziale Dienste außerhalb staatlicher Zielsetzungen leisten.

Mit der fortschreitenden Entchristlichung von Staat und Gesellschaft werden Christen zunehmend vor die Entscheidung gestellt, den staatlichen oder den christlichen Weg zu gehen. Der Entschluß für den christlichen Weg muß in der Demokratie fallen, ohne deren Gesetze zu brechen. Dies wird in der Regel möglich sein, wenn Christen sich nicht auf das ethische Minimum des Staates einlassen, sondern einen höheren Anspruch in ihren Lebens- und Arbeitsbereichen verwirklichen.

7. Christen müssen sich der modernen Gesellschaft stellen. Reine Anpassung jedoch wäre geistiger Selbstmord.

Das Verhältnis von Christen zu Staat und Gesellschaft war immer spannungsreich. Die Welt ist „Inbegriff der guten Schöpfung Gottes", wie Professor Martin Honecker betont. Gott liebt die Welt so sehr, daß er seinen Sohn sandte (Joh 3,16). Die Christen sind berufen, Salz der Erde und Licht der Welt zu sein (Mt 5,14). Neben diesen positiven Aussagen finden sich schon in der Bibel ganz andere Wertungen. „Welt ist negativ gesehen der Herrschaftsbereich der Sünde", so Honecker. „Christus erlöst, befreit die Seinen aus der Welt (Joh 16,33). Wer die Welt liebhat, in dem ist nicht die Liebe des Vaters (1 Joh 2,15)." Der Jakobusbrief formuliert besonders scharf: „Wenn jemand ein Freund der Welt sein will, wird er zum Feind Gottes" (4,4) (vgl. Martin Honecker, in: Essener Gespräche, Bd. 25).
Das spannungsgeladene Verhältnis von Christen zur Welt löst sich in der Moderne nicht auf, eher wird es komplizierter. Die Beziehung zum Staat und zur Gesellschaft kann – wie in den vorherigen Kapiteln erläutert – nie eine nur bejahende sein. Christen werden immer in einigen Bereichen gegen den Strom leben und zugleich ihre Weltverantwortung in Staat und Gesellschaft wahrnehmen müssen. Zu suchen ist der richtige Weg zwischen notwendiger Absonderung und erforderlicher Öffnung. Christen können sich nicht allen Neuerungen verschließen. Sie müssen neue naturwissenschaftliche Erkenntnisse ebenso berücksichtigen wie gesellschaftswissenschaftliche oder politische. Christen können an manchen gesellschaftlichen Entwicklungen nicht vorbeigehen. Sie müssen sich zur Welt hin öffnen, sie müssen sich der modernen Gesellschaft stellen. Ein

Beharren auf überkommenen Positionen in allen Bereichen würde zu einem neuen Fundamentalismus führen, den es in Ansätzen schon gibt. Fundamentalistische Tendenzen sind jedoch gefährlich. Sie gefährden den Frieden im Kleinen wie im Großen. Fundamentalisten rufen immer auf der Gegenseite Fundamentalisten hervor. Das trägt nicht zur Problemlösung bei, sondern führt zu Verhärtung. Fundamentalismus ist auf Dauer menschenfeindlich. Christen müssen vielmehr Konservative im besten Sinne sein. Es gilt, das Gute zu bewahren und zu schützen. Wenn sie vorhanden sind, müssen bessere Alternativen angenommen werden.

Die Auseinandersetzung über den richtigen Weg müssen Christen nicht nur untereinander führen, sondern auch mit anderen austragen. Was die Formen dieses Streites betrifft, müssen Christen den Entwicklungen in der modernen Gesellschaft Rechnung tragen. Es hilft nicht, den Verlust der Streitkultur zu beklagen und sich mit dieser Argumentation aus jedem Streit herauszuhalten. Dieses kommt einer Verweigerungshaltung gleich. Wie beschrieben, ist die Auseinandersetzung um die Abtreibung in den Medien unter anderem auch dadurch verlorengegangen, daß „heiße Stühle" und ähnliche neue Fernsehsendungen nicht unbedingt Sache von Christen sind. Wenn christliche Positionen zu vertreten sind, dann müssen sich Christen der neuen Form des Streites stellen. Sie müssen nicht unbedingt alles tun, was in solchen Sendungen erwartet wird, aber sie dürfen sich dem Streit nicht völlig verweigern. Wer nicht an der Diskussion teilnimmt, nur weil ihm der Streit nicht gefällt, läuft Gefahr, nicht mehr gehört zu werden.

Christen haben zweifellos den Wert und die Bedeutung der Medien für die öffentliche Meinungsbildung erkannt. Allerdings haben sie die richtigen Schlußfolgerungen aus dieser Erkenntnis noch nicht immer gezogen. Statt sich den Medien offen zu stellen, ergehen sich viele Christen in Dauerkritik an der Niveaulosigkeit der Medien. Der Rückzug in die Nische, aus der heraus dann Kritik geübt wird, ist allerdings ein wenig erfolgversprechender Weg. Deshalb ist es vordringlich, daß sich Christen der Gesellschaft stellen, indem sie sich den Medien stellen. Sich öffnen heißt in diesem Fall, an Diskussionen teilzunehmen, das

Gespräch mit Journalisten zu suchen und unbequemen Sendungen nicht auszuweichen.
Es bedeutet nicht, sich auf die für Christen vorgesehenen Sendezeiten zurückzuziehen. Das Betreiben von Minderheitenprogrammen wird der umfassenden Weltverantwortung nicht gerecht. Sich der Gesellschaft stellen heißt im Medienbereich aber auch, sich nicht allen Entwicklungen anzupassen. Christen können sich nicht für jede Geschmacklosigkeit hergeben, vor allem nicht, wenn die Gags auf Kosten der Würde anderer Menschen gemacht werden. Gegen solche Sendungen müssen Christen ihre Stimme erheben. Sie werden dabei um so ernster genommen, wenn sie nicht Dauerkritiker sind, sondern in und mit den Medien leben.
Ein zweiter wesentlicher Punkt, bei dem sich Christen mehr der Gesellschaft öffnen müssen, ist die Sprache. Dies gilt nicht unbedingt für die rituelle Sprache des Gebetes oder Gottesdienstes. Es gilt für die Sprache in der Auseinandersetzung mit der modernen Welt. Die Sprache ist insgesamt rauher geworden. Wie erläutert, ist die Auseinandersetzung um die Abtreibung unter anderem aufgrund der Sprache verlorengegangen. Christen haben es nicht verstanden, ihre besseren und richtigeren Argumente an die Frau und vor allem an den Mann zu bringen. Mit einem Wortschatz und einem Niveau von vor 20 oder 30 Jahren sind heute keine Menschen mehr zu gewinnen. Dies liegt vor allem daran, daß die Menschen heute verstehen wollen. Sie sperren sich gegen Dinge, die sie nicht verstehen. Die Sprache von Christen muß darum einfach und klar sein. Sie darf auch vor Vereinfachungen nicht zurückschrecken, wenn es nötig ist. Sie muß zudem zielgruppenorientierter sein. In einer vielschichtigen Gesellschaft müssen Christen in ihrer Sprache den unterschiedlichen Möglichkeiten und Wünschen der Mitglieder der Gesellschaft gerecht werden. Daß Christen sich nicht sprachliche Entgleisungen zu eigen machen und sich auf eine Art anpassen, die christlichem Werteverständnis widerspricht, sollte sich von selbst verstehen.
Christen müssen sich die modernen Mittel der Verbreitung von Botschaften aneignen. Politische Entwicklungen können frühzeitig erkannt werden. Wenn es angezeigt ist, ihnen aus christli-

cher Sicht engegenzuwirken, sind neue Wege bei der Vermittlung christlicher Werte zu beschreiten. Die Nutzung der Werbung sowie die Entwicklung langfristiger Strategien der Öffentlichkeitsarbeit stecken unter Christen noch in den Kinderschuhen. Beides ist jedoch von erheblicher Bedeutung. In einer materialistisch eingestellten Umwelt stehen Christen heute vor dem Problem, daß sich die Frohe Botschaft, die auf nichtweltliche Fragen abzielt, immer schwieriger verkünden läßt. Deshalb gilt es, über irdische Fragen den Blick auf geistig-geistliche zu lenken. Dies kann durch Werbung und Öffentlichkeitsarbeit auf breiter Front gelingen. Wenn die Menschen sehen und hören, warum Christen sich z. B. in sozialen Fragen einsetzen, kann auf diesem Weg das Interesse an Glaubensfragen neu geweckt werden. Christen werden sich daran gewöhnen müssen, daß ihre Botschaft heute kein „Selbstläufer“ mehr ist, sondern daß Glaube und Religion nach außen gut „verkauft“ werden müssen. Gerade in einer Zeit, in der die Gotteshäuser immer leerer werden, ist das „Verkaufen“ der christlichen Botschaft auf anderen Wegen besonders wichtig. Es entspricht weder dem Auftrag der Christen noch dem Wert der christlichen Botschaft, diese in exklusiven Zirkeln an ausgewählte Kreise zu vermitteln. Das Wort Jesu Christi ist für die Massen gedacht. Deshalb gilt es, neue Wege zu beschreiten, um diese Massen zu erreichen. Dabei können die Werbemittel, welche die pluralistische Gesellschaft bietet, nutzbringend sein. Die besten Werbeträger allerdings sind noch immer die Christen, die sich in den Dienst des Glaubens und seiner Verkündigung stellen. Es sind die Christen, die den Glauben leben, die aus dem Glauben heraus sozialen Einsatz zeigen, die aufgrund ihres Glaubens für andere Menschen da sind. Möglichst viele solcher Werbeträger wie Mutter Teresa, Abbé Pierre oder die vielen ehrenamtlichen Helferinnen und Helfer in den Gemeinden braucht das Christentum.

Dennoch gilt: In der Vermittlung der christlichen Botschaft können (und müssen) sich Christen am meisten der Welt stellen und deren Spielregeln befolgen. Die Möglichkeiten sind weit gesteckt. Was die Inhalte betrifft, sind die Grenzen allerdings enger. Christen können sich inhaltlich der Welt nicht so weit

annähern, wie sie es vom Stil her können. Die ständige inhaltliche Anpassung an gesellschaftliche Entwicklungen käme einem geistigen Selbstmord gleich.
So manche Trends in der Gesellschaft widersprechen christlichen Werten und Grundsätzen. Deutlich wird dies vor allem in moralischen Fragen. Der Staat paßt sich der lockerer werdenden Moral der Gesellschaft nicht nur an, sondern er unterstützt sie auch. Erläutert sei dies am Beispiel der Behandlung der Immunschwächekrankheit Aids. Staatliche Aufklärungsmaßnahmen gehen nicht nur von einer in der Gesellschaft vorhandenen sexuellen Freizügigkeit aus, sondern stützen sie direkt ab. Zwar haben Politiker in Sonntagsreden hin und wieder darauf verwiesen, daß allein die Treue zum Partner ein hundertprozentig wirksamer Schutz gegen Aids bedeutet, aber die offiziellen Aufklärungskampagnen heben nicht darauf ab. In allen Filmen der Bundeszentrale für gesundheitliche Aufklärung wird mit dem Slogan „Kondome schützen" geworben. Der Staat suggeriert Bürgerinnen und Bürgern eine Sicherheit in der Sexualität, obwohl diese nicht gegeben ist. Die Schweizer Wissenschaftler Prof. Dr. W. Schreiner und Dr. K. April haben schon 1990 in der Schweizerischen medizinischen Wochenschrift auf die unzulängliche Schutzwirkung von Kondomen vor Aids hingewiesen. Sie forderten, daß die Bevölkerung darauf aufmerksam gemacht werden müsse, daß Kondome „lediglich das Risiko einer Ansteckung verkleinern". Es sei „ethisch nicht zu verantworten, Kondome als sicheren Schutz gegen eine HIV-Infektion zu empfehlen" (Schweiz. med. Wschr. 1990, Nr. 26, S. 972-978).
Der Staat bringt offenbar nicht den Mut auf, gegen den Trend die Wahrheit zu sagen. Er schreckt davor zurück, um dem Vorwurf, er wolle die sexuelle Restauration, zu entgehen. Christen dürfen in ihrem Verhalten nicht solcher Anpassungsmentalität erliegen. Sie müssen gerade angesichts der tödlichen Krankheit Aids ihre Stimme erheben und vermitteln, daß es nur einen wirksamen Schutz gibt: hundertprozentige partnerschaftliche Treue. Leider gibt es eine solche breitangelegte Kampagne von Christen noch nicht. Statt dessen streiten sie darüber, ob Aids nun eine Strafe Gottes ist oder nicht. Aids ist gewiß keine Strafe Gottes. Zu viele unschuldige Kinder, Bluter oder Ehepartner

sind von der Krankheit betroffen. Sollten wir glauben, daß Gott diese Menschen für das Fehlverhalten anderer bestrafen würde? Die Menschen allerdings sollten das Vorhandensein dieser Krankheit zum Anlaß nehmen, nicht nur darüber zu diskutieren, wie den Betroffenen geholfen werden kann, obwohl das die am schnellsten zu lösende Frage ist. Vielmehr sollte Aids dazu führen, daß über die rasche Verbreitung und deren Ursache offen geredet wird. Dazu einen Beitrag zu leisten, sind Christen aufgerufen. Wenn der Staat – und erst recht die Gesellschaft – diese Aufgabe nicht erfüllen will, dann müssen Christen der staatlichen Desinformation eine gezielte Informationskampagne entgegensetzen. Angesichts der Bedrohung von Menschen dürfen sich Christen nicht anpassen, sondern müssen Widerstand leisten. Christen müssen in einer solchen Situation moralische Werte vermitteln, auch wenn diese zunächst nicht auf große Gegenliebe stoßen. Wie die Untersuchungen der beiden Schweizer Mediziner zeigen, sind die besseren Argumente – wie bei der Abtreibung – auf seiten der Christen. Es fehlt allein der Mut oder die Kraft, diese einer breiten Öffentlichkeit nahezubringen. Die Behandlung von Aids in der Diskussion macht deutlich, wie Christen sich inhaltlich an falsche Entwicklungen in Gesellschaft und Staat anpassen. Dies geschieht nicht durch eigenes Verhalten, sondern durch Schweigen zu Fehlinformationen. Aids könnte (und müßte eigentlich) ein Beispiel werden, wie Christen ihren Weg zwischen Anpassung (an die Art der Auseinandersetzung) und Widerstand (in der Sache) gehen können. Der Umgang mit Aids ist dagegen ein Beispiel dafür, daß Christen diesen Weg in der pluralistischen Gesellschaft noch nicht gefunden haben. Christen neigen entweder dazu, die Freiheiten der pluralistischen Gesellschaft insgesamt abzulehnen oder sie alle in Anspruch zu nehmen.

Den gangbaren Mittelweg hat der Münchener Professor Hans Maier einmal folgendermaßen definiert: „In Freiheit verzichten lernen: Das kann eine christliche Parole für morgen sein. Auf Freiheit verzichten: Das kann nie eine Parole für Christen sein" (Rheinischer Merkur, Nr. 31, 1992). In Freiheit verzichten lernen beinhaltet, vorhandene Freiheiten zu würdigen und sie – wenn sie christlichen Überzeugungen nicht zuwiderlaufen –

zu nutzen. Die freiheitliche Gesellschaft bietet Christen zahlreiche Chancen. Es ist in ihr nicht so einfach, wie es in rein christlichen Gesellschaften war (obwohl auch diese oft Auswüchse mit sich brachten, die für so manchen Christen schwerlich zu ertragen waren). Es ist in ihr nicht so eindeutig ablehnend zu leben wie in atheistischen Gesellschaften (obwohl Christen sich auch in diesen arrangiert haben). Die pluralistische Gesellschaft erfordert mehr als jede andere Entscheidungskraft und Entschiedenheit. Entscheidungskraft ist gefragt, wenn es um die Haltung von Christen zu den in dieser Gesellschaft auftretenden Problemen geht. Christen müssen abwägen, welche Freiheiten sie nutzen können und auf welche sie verzichten sollten. Entschiedenheit ist gefordert, wenn es darum geht, diesen eingeschlagenen Weg selbst zu gehen und ihn nach außen hin zu vertreten.

Christen – so ist an anderer Stelle gesagt worden – haben es in der pluralistischen Gesellschaft nicht leicht. Die Prognose nach der für Christen bitteren politischen und gesellschaftlichen Niederlage in der Abtreibungsfrage ist auf den ersten Blick wenig ermutigend, zumal auch das Verfassungsgericht als bisher letzte Stütze fiel: Christen werden es in Zukunft in der pluralistischen Gesellschaft immer schwerer haben. Es wird schwerer, als Christ zu leben. Und es wird noch schwerer, mit christlichen Überzeugungen nach außen hin durchzudringen.

Bei genauerem Hinsehen werden Christen jedoch die großen Chancen erkennen können, die ihnen die moderne pluralistische Gesellschaft bietet. Christen können die vielfältigen Kommunikationsstrukturen dieser Gesellschaft nutzen, wenn sie sich mit ihnen einlassen. Christen können in dieser Gesellschaft Aufgaben übernehmen, die von anderen nicht erfüllt werden. Dies betrifft insbesondere die Betreuung von Randgruppen, von denen die materialistisch ausgerichtete Gesellschaft viele hervorbringt. Christen müssen in der pluralistischen Gesellschaft Mahner sein, die die Achtung der Menschenwürde, Menschenrechte und Gerechtigkeit einklagen. Der Grund, weshalb Christen dies tun, muß in allem erkennbar sein. Christen dürfen sich nicht von der Welt lösen, aber sie müssen über die Welt hinaussehen.

Aus der politischen Niederlage in der Abtreibungsfrage sind Konsequenzen für die künftige politische und gesellschaftliche Tätigkeit von Christen zu ziehen. Es stellt sich die Frage nach der Parteipolitik ebenso wie die Frage nach Aktivitäten im vorpolitischen Raum oder die Frage nach dem sozialen Engagement. In vielen Bereichen kann jeder einzelne Christ – wie aufgezeigt – seine persönlichen Konsequenzen ziehen. In anderen werden christliche Organisationen über neue Wege diskutieren müssen. Dabei sollten sich Christen durchaus ihrer Stärke bewußt sein: Christen brauchen die Gesellschaft nicht, um als Christen leben zu können. Aber die pluralistische Gesellschaft braucht Christen.

Benutzte Literatur

Deutscher Caritasverband (Hg.): Caritas-Jahrbuch 1991. Freiburg 1990.

Martin Brinsa / Paul-Johannes Fietz / Paul Hoffacker / Benedikt Steinschulte (Hg.): Auf Leben und Tod. 5. Auflage, Bergisch Gladbach 1991.

Michael Gante: Der Schutz ungeborener Kinder … In: Johannes Reiter / Rolf Keller (Hg.): Herausforderung Schwangerschaftsabbruch. Freiburg 1992, S. 146-169.

Kurt Koch: Ist der Sonntag noch zu retten? Ostfildern 1991.

Renate Köcher: Schwangerschaftsabbruch – Erfahrungen betroffener Frauen. In: Johannes Reiter / Rolf Keller: Herausforderung Schwangerschaftsabbruch. Freiburg 1992, S. 5-21

Aus Politik und Zeitgeschichte. Beilage zur Wochenzeitung „Das Parlament", B 21/90, 18. Mai 1990.

Karl Rahner / Herbert Vorgrimler: Kleines Konzilskompendium. 6. Auflage, Freiburg 1969.

Wolfgang Schäuble: Der Vertrag. Stuttgart 1991.

Johannes Stüting / Heiner Marré: Essener Gespräche zum Thema Staat und Kirche. Band 11. Münster 1977.

Johannes Stüting / Heiner Marré: Essener Gespräche zum Thema Staat und Kirche. Band 25. Münster 1991.